Stephanie Schneider

Warum Mama eine rosa Handtasche braucht

Stephanie Schneider

Warum Mama eine rosa Handtasche braucht

und andere Geheimnisse glücklicher Mütter

Kösel

2. Auflage 2005

Druck und Bindung: Kösel, Krugzell
Umschlag: 2005 Werbung, München
Umschlagmotiv und Illustrationen: Angelika Ullmann
ISBN 3-466-30699-X

Gedruckt auf umweltfreundlich hergestelltem Werkdruckpapier (säurefrei und chlorfrei gebleicht)

Inhalt

Vorwort

Als ich damals das Abenteuer »Kind« begann, führte mich der erste Einkaufsbummel ohne Babybauch in eine Buchhandlung. Ich wollte einen Ratgeber kaufen. Egal ob *Besser Fernsehen* oder *Pfiffige Geschenkideen für Trauzeugen*, dieser Laden hatte bisher für alle Lebenslagen das passende Buch.
»Haben Sie Weisheiten für Mütter? Hilfen für ihren Alltag, Tipps für die Berufstätigen unter uns und alles über den Kauf von Kinderstrumpfhosen?«
Der verständnislose Blick der Verkäuferin und ihr Bauchnabel-Piercing ließen vermuten, dass sie selbst keine Kinder hatte. Nach einigem Nachdenken riet sie mir: »Schauen Sie doch mal in der Wirtschaftsabteilung unter Management.« Glaubte die Dame tatsächlich, der Job eines Abteilungsleiters bei BMW ließe sich irgendwie mit den Belastungen einer Mutter vergleichen? Manager haben schließlich Kaffeepausen und gesetzliche Kündigungsfristen. Wenn sie nach dem Wochenende wieder an ihren Schreibtisch zurückkehren, steht der Anspitzer noch an seinem Platz, und niemand hat Bananenjoghurt in die Hängeregister entleert.
Damals bin ich also ohne Lektüre zu Mann und Kind zurückgekehrt. Mittlerweile ist einiges an guten Mütterratgebern auf dem Markt. Ich habe sie ausprobiert – na, sagen wir: Sie liegen auf meinem Nachttisch, und ich werde sie bei nächster Gelegenheit unter die Lupe nehmen. Sobald ich wieder etwas Zeit habe, werde ich die empfohlenen Listen und Karteikarten anlegen. Am Feier-

abend zaubere ich mir einen Fitness-Salat mit viel Vitamin E und diskutiere mit meinem Mann über den Sinn der Sinnlichkeit. Danach gönne ich mir dann ein Avocado-Ginseng-Peeling. Vielleicht ist es schon übernächstes Jahr so weit, wer weiß.

Zurzeit befinde ich mich allerdings noch in der »Stehparty«-Phase meines Lebens. Ich nenne sie so, weil mir mein Alltag in überschaubaren Häppchen gereicht wird: Fünf Minuten puzzeln meine Töchter friedlich, drei Minuten telefoniere ich ungestört, elf Minuten dauert die Mittagspause, neun Minuten der Trotzanfall beim Zähneputzen. Diese Zeit-Häppchen reichen nicht für die ungestörte Lektüre dicker Wälzer, wohl aber, um sich schnell ein paar Notizen zu machen. Deshalb habe ich das Buch jetzt selber geschrieben. Kinderreiche Freundinnen, meine Töchter und das Leben selbst haben mir fleißig diktiert.

Ich freue mich, wenn es Ihnen den Alltag erleichtert. Kennen Sie noch andere Tricks, wie man Regentage und Kinderarzttermine gut gelaunt übersteht? Schreiben Sie mir. Schließlich muss doch nicht jede von uns das Kiddyboard neu erfinden, oder?

Stephanie Schneider

Glücklich? Kinder brauchen Vorbilder

Machen Sie es sich einfach, aber machen Sie etwas

Stellen Sie sich vor, Sie sitzen in zwanzig Jahren mit Ihren Kindern vor dem Fotoalbum und schwärmen: »Das war vielleicht eine schöne Zeit! Wir haben zusammen gemalt, Geschichten erzählt und viel gekuschelt. Wir haben Wunschtage erfunden und mit der Marmelade Gesichter in den Vanillepudding getropft. Ich habe die Zeit mit euch sehr genossen und mich von Kopf bis Fuß wohl und entspannt gefühlt ...«

Finden Sie das unrealistisch? Es ist sehr anstrengend, Mutter zu sein. Kinderlose können sich kaum vorstellen, was es bedeutet, wenn der letzte Backenzahn der Jüngsten mit dem Wochenendeinkauf und dem Magendarminfekt des großen Bruders zusammenfällt. Leider halten auch wir Mütter das, was wir leisten, oft nicht für der Rede wert. Die meisten von uns sorgen für das Angebot im Gefrierfach besser als für ihren verspannten Rücken.

Ich muss Sie an dieser Stelle auf etwas Unbequemes hinweisen: Es liegt in Ihrer Hand. Wenn Sie eine glückliche Mutter werden wollen, müssen Sie das Gleiche tun wie vor einer erfolgreichen Diät: Sie müssen sich entscheiden. Und Sie müssen es wirklich wollen.
Das ist dann allerdings auch schon das Schwerste an dieser Übung. Denn das Glück hat die angenehme Eigenschaft, wie ein Magnet zu wirken. Sind Sie erst mal auf dem Erfolgskurs, werden Sie sich immer häufiger und selbstverständlicher etwas Gutes tun.

Was können Sie also tun?

Machen Sie es sich einfach! Niemand kontrolliert, ob Sie täglich mit den Kindern an die frische Luft gehen. Der Beitrag für die Kita erhöht sich nicht, wenn Sie Ihrem Sohn an seinem Geburtstag eine Großpackung Schokoküsse statt 25 selbst gebackener Vollkorntörtchen mitgeben. Es gibt kein Gesetz, das uns Babyschwimmen vorschreibt und gesellige Abende unter Erwachsenen verbietet. Das sind die Fakten.

Fakt ist aber auch, dass viele junge Mütter so erschöpft sind, dass ihnen zwei regungslose Stunden auf dem Zahnarztstuhl mehr als zehn Euro Praxisgebühr wert sind. Normale Frauen, die das letzte Mal im Kino waren, als Deutschland Fußballweltmeister wurde. Die ihre Kinder an manchen Tagen nur deshalb nicht zum Mond schießen, weil sie sich das Theater mit dem Anschnallen in der Raumkapsel ersparen wollen und sie sie dafür überreden müssten, endlich die festen Schuhe anzuziehen.
Entspannen Sie sich. Sie brauchen für Ihr neues Lebensgefühl nichts zu kaufen und keine Möbel zu rücken.

Bringen Sie die Kleinen wie üblich zum Kinderturnen. Verabreden Sie sich nach dem Abendbrot ruhig wieder mit Günter Jauch und einer Tafel Marzipanschokolade. Alles wird noch so scheinen wie am Tag zuvor. Und dennoch werden Sie beim Einschlafen schon das erste Wohlgefühl im Bauch spüren. Das ist der Anfang. Willkommen im Club.

Belohnen Sie sich. Sie sind Ihr bestes Pferd im Stall

Alles, was kostbar ist und stark beansprucht wird, braucht eine Menge Pflege. Belohnungen sollten deshalb selbstverständlich zu Ihrem Tagesablauf gehören. Vielleicht will Ihnen Ihr schlechtes Gewissen einreden, dass der Abwasch wichtiger ist als die halbe Stunde Mittagsschlaf und dass es auf Kosten der Familienidylle und des Bankkontos geht, wenn Sie sich am Wochenende in der Sauna entspannen. Glauben Sie ihm nicht.

Vereinbaren Sie lieber eine Betriebsbesichtigung bei VW. Da wird Ihnen der junge Mann im Nadelstreifenanzug erklären, dass für die Wartung des Zentralcomputers Hunderttausende jährlich ausgegeben werden. Und wenn Sie staunend ausrufen: »So viel ...?«, erklärt Ihnen der finanzerprobte Herr: »Er ist doch der Motor des ganzen Konzerns. Wir können uns das Risiko nicht leisten, dass er eines Tages den Geist aufgibt. Egal, wie es wirtschaftlich läuft, am Zentralcomputer wird nicht gespart!«

Ihre Tagesmutter, der Getränke-Bringdienst und die Patentante leisten sicher gute Dienste, Sie aber sind und bleiben der Zentralcomputer im Familienunternehmen.

Greifen Sie also ruhig in die Vollen und leisten sich von allem das Beste: Ihr Lieblingsgericht, nette Freunde und eine gute Stimmung am Abendbrottisch – Luxus ist keine Frage des Kontostandes, sondern der Einstellung. Sie müssen regelmäßig essen und brauchen Zeit für sich alleine. Sie sind sogar auf ein paar Stunden Schlaf angewiesen, auch wenn Ihr Nachwuchs anderer Meinung ist. Setzen Sie Ihre Bedürfnisse auf Punkt eins der fa-

miliären Tagesordnung, damit Schwiegermütter, Ehemänner und Sie selbst erkennen, worauf es momentan ankommt.
Selbst wenn die Szenen an Ihrem Küchentisch noch nicht das Niveau der Titanic-Verfilmung erreicht haben, verdienen Sie Unterstützung und Entspannung.

Mit Belohnungen ist es wie mit Ersatzbatterien: Man kann nie genug davon haben.

Schließlich arbeiten Sie für Ihr persönliches Wohlfühlkonto. Als Mutter stehen Sie in der Verantwortung, Vorräte anzulegen. Horten Sie nicht nur Kartoffelbrei und Kinderzahnbürsten, sondern Schlaf, Kraft und Inspiration. Gerade die ruhigeren Zeiten sollten Sie nutzen, um sich zu einem vor Glück sprühenden Vitalitätsbündel zu machen, da es völlig unberechenbar ist, wann der Rohrbruch im Kindergarten, Ihre originelle Verhütungsmethode oder das zahnende Baby für den nächsten Ausnahmezustand sorgen.

Führen Sie doch mal für eine Weile einen Belohnungskalender, auf dem Sie jeden Tag notieren, wie Sie sich belohnt haben. Den ganzen Abend telefonieren, den ganzen Abend nicht ans Telefon gehen, eine Rückenmassage, Tagebuch schreiben, zum Sport gehen, ein Paar neue Schuhe, in Ruhe einen Kaffee trinken, im Reisebüro nach Urlaubsangeboten fragen – Ihrer Fantasie sind keine Grenzen gesetzt. Es kann sinnvoll sein, zu Beginn eine Liste zu schreiben und sich darüber klar zu werden, wie Ihre persönlichen Belohnungen aussehen könnten. Schon das Schreiben dieser Liste kann so entspannend sein, dass es eine eigene Tagesbelohnung wird.

Ein traumhaftes Leben, den Kindern zuliebe

Jetzt haben Sie den Satz »Belohnen Sie sich!« gelesen und entspannt in die Keksdose neben sich gegriffen. Gut so. Vielleicht werden Sie sich allerdings gefragt haben, was Sie jetzt noch in den folgenden 48 Kapiteln erwarten können.

Nun, es muss ja nicht damit getan sein, dass Sie sich Musical-Karten für den *König der Löwen* gönnen, um das Theater dann wieder einmal kurz vor dem Finale zu verlassen, weil Ihrem Jüngsten von der dritten Tüte Haribo schlecht geworden ist. Warum greifen Sie nicht in

die Vollen? Schließlich haben Sie mal mit Begeisterung in der Theater-AG gespielt. Stellen Sie sich ins Rampenlicht und übernehmen Sie die Hauptrolle!

Sie haben einen schönen Garten und eine Unfallversicherung für die Kinder. Aber haben Sie ausreichend Spaß? Zärtlichkeit? Abenteuer und Abwechslung? Oder darf's bei ehrlicher Betrachtung ein bisschen mehr sein?
Wie wäre es, wenn aus einer unverbindlichen Bekanntschaft eine herzliche Freundin würde? Wenn Sie den halben Abend mit Ihrem Mann am Küchentisch herumalberten, statt sich mit der Routine aus Gute-Nacht-Geschichte und Fernsehprogramm zufrieden zu geben?
Ab heute dürfen Sie Lachs in Weinschaumsoße essen, statt abends die trockenen Nutellabrote aus der Kindergartentasche zu futtern. Natürlich nur, sofern Sie Nutella nicht lieber mögen.

Erfüllen Sie sich ein traumhaftes Leben!

Jede Mutter wird sich bemühen, möglichst geduldig, liebevoll und zuverlässig zu sein. Aber darf eine Mutter auch egoistisch sein? Ja! Es ist sogar mit das Beste, was sie ihren Kindern zeigen kann.
Beobachten Sie die Kleinen doch mal: Ihr knapp zweijähriger Sohn bemalt sich die Lippen mit Filzstiften, wie er es bei seiner Mutter zu sehen geglaubt hat, und seine Schwester imitiert täuschend echt Ihren Tonfall, wenn sie ihrer Spielkameradin etwas erklärt. Wir sind für unsere Kinder Idole, Vorbilder, Richtungsweiser.
Wer sonst sollte ihnen zeigen, wie man es sich rundum gut gehen lässt und sich seine Träume verwirklicht, wenn nicht wir? Es wäre wohl kaum angemessen, wenn wir unserem Kind einen Purzelbaum und den Umgang mit Messer und Gabel beibrächten, doch die viel wichtigeren Themen wie die Erfüllung seiner sehnlichsten Lebensträume einer Kita-Praktikantin mit reduzierter Stundenzahl überließen.
Falls Sie Elektromeisterin sind, besteht eine gewisse Wahrscheinlichkeit, dass Ihr Kind eines Tages den Betrieb übernimmt. Auch ein Mensch mit Locken oder Heuschnupfen hat etwas zu vererben. Selbst *Bob der Baumeister* hatte vermutlich einen kugelbauchigen Baggerfahrer in seiner Ahnengalerie. Ganze Dynastien von Leistungssportlerinnen, Schützenkompanien und Künstlern zeigen, dass sich Kinder am Weltbild der Eltern orientieren. Was wird mit großer Wahrscheinlichkeit aus dem Kind einer glücklichen Mutter? Ein glückliches Kind!

Wovon glückliche Mütter nie genug bekommen können

Humor und Comedy

Der Alltag einer jungen Vollzeitmutter ist unterhaltsamer, als man es sich im Allgemeinen vorstellt. Gelegentlich beobachten meine Töchter und ich morgens die Frau des Bundeskanzlers, wenn sie ihren Familienzuwachs zum Kindergarten bringt. Außerdem haben wir zugesehen, als im Rohbau an der Ecke die Fußbodenheizung verlegt wurde und selbst ein Dackel im Regelmantel wurde schon gesichtet. Nur an eine Gruppe von schallend lachenden Müttern kann ich mich beim besten Willen nicht erinnern.

Mütter lächeln, wenn ihre einjährigen Söhne stolz in Gummistiefeln Größe 40 hereinstapfen oder sie grinsen sarkastisch, wenn Herr Maywald den längst fälligen Strafzettel fürs Rasen in der 30er-Zone kassiert. Aber so ein richtig dickes, befreiendes Lachen? Das ist selten.
Dabei gibt es mittlerweile sogar ein eigenes Fachgebiet, dessen Ziel es ist, die Auswirkungen des Lachens auf den Körper zu untersuchen. Die Geotologen, wie sich

die Experten des Amüsements nennen, untermauerten in einer Studie der Uni Graz das, was wir schon lange wissen: Lachen ist gesund. Wer regelmäßig und herzlich lache, könne seinen Blutdruck senken und seine Gesundheit langfristig verbessern.

Jetzt werden Sie vielleicht zu bedenken geben: »Natürlich hätte ich gerne Spaß, aber der Vormittag war alles andere als lustig.« Sicherlich ist es leichter, das Leben bei strahlend blauem Himmel und einer pannenfreien Fahrradtour zu genießen, und freilich sieht die Realität meistens anders aus. Doch genau dort, wo der Spaß aufhört, beginnt der Humor. Glückliche Mütter und alle anderen Realisten greifen gerne zu.

Humor ist gefragt, ...

- wenn Ihre Tochter Ihnen erklärt, dass sie später mal Papa heiraten werde, und hinzufügt: »Die Blonde, die ihn manchmal von der Arbeit abholt, lad ich dann aber nicht ein.«
- wenn Sie seit dem Frühstück grübeln, wohin der Marmeladentoast verschwunden ist und plötzlich begreifen, dass Ihr Kind in der Lage ist, eine Kassette in den Videorekorder zu stecken.
- wenn Sie als dreifache Mutter zum gynäkologischen Routinecheck gehen und die junge Arzthelferin Ihnen erst dann glaubt, dass Sie nicht schwanger sind, als sie beim CTG keine Herztöne findet.
- wenn sich herausstellt, dass sich die Beschreibung »Ganztagsbetreuung« nicht auf den Kindergartenplatz Ihrer Tochter, sondern auf die notwendige Umhätschelung der neuen Erzieherin bezieht.

Spätestens in der zweiten Woche Regenwetter auf Teneriffa ist eine große Portion Humor und Selbstironie überlebenswichtig. Über wen sollten wir auch lachen, wenn nicht über uns selbst? Das entsprechende Anschauungsmaterial in Funk und Fernsehen ist seltener als voll gestillte Vierlinge. Selbst die Hüftoperation meines Onkels würde eher einen attraktiven Sendeplatz bekommen als Filme mit gestandenen und witzigen Müttern in der Hauptrolle.

Wer dennoch nach Vorbildern für die amüsierte Brutpflege sucht, dem bleiben eigentlich nur Familienfilme mit Heinz Erhard oder Bücher von Susanne Fröhlich. Wenn jeder seinen Namen so wörtlich nehmen würde wie Letztere, dann hätten dringliche Landtagssitzungen wohl ohne Lothar Späth stattfinden müssen, vom musikalischen Unterhaltungswert eines Konstantin Wecker mal ganz abgesehen.

Doch zurück zu Ihnen. Gesellen Sie sich zu unserer Runde des frotteegelben Humors, statt sich den Mund von Leuten verbieten zu lassen, die zum Lachen erst den Computer herunterfahren müssen, um in den »Sozialraum« zu gehen. Schließlich ist unser Alltag gespickt voll mit diesen kleinen absurden Geschichten, in denen sich die Zweijährige im Elbtunnel übergibt oder ihr großer Bruder die Appartement-Schlüssel am mallorquinischen Strand verbuddelt. In unserem Alltag steckt ein Potenzial, nach dem sich Anke Engelke die Finger lecken würde! Machen wir uns als Mutter also zu dem, was wir schon immer waren: zur Programmchefin der Unterhaltungsbranche!

Andere Mütter und Postboten

Ein einziger Blick in den Katalog mit Babyzubehör zeigt, dass für das Leben einer zufriedenen Mutter eine Menge nötig ist. Da gibt es Wickeltaschen mit passender Thermoskanne, Einschlafhilfen und das speichelfeste Notebook aus echter Hildesheimer Birke, um Ihren Augenstern optimal aufs Berufsleben vorzubereiten. Doch ist es wirklich das, was wir brauchen? Nichts gegen Kinderbademäntel im *Lillifee*-Design, aber das Wichtigste sind Freundschaften und Kontakte. Sie beruhigen quengelige Kinder und helfen sogar bei Kopfschmerzen oder Erkältungsbeschwerden.

Seine Zeit in Gesellschaft netter Menschen zu verbringen ist der wirkungsvollste Weg, um an Glückspunkte zu kommen.

Wenn Sie sich gut mit Ihrer Beifahrerin unterhalten, vergeht der Stau auf der A7 wie im Flug. In Gesellschaft anderer Eltern fällt es leichter, sich darauf zu beschränken, die Love Parade nur im Fernsehen anzuschauen und stattdessen zum Stadtteilfest zu gehen. Selbst eine Grippe wird zum Kurzurlaub, sofern man sie im Bett seines neuen Lovers verbringt. Menschen machen aus unserem Alltag Leben!

Dabei muss es noch nicht mal die dickste Freundschaft sein, die Ihr Wohlgefühl aufpoliert. Wenn Sie Kinder haben, wird Ihr Bekanntenkreis inzwischen ziemlich groß sein. Spätestens wenn Sie nach Ihrem nächsten Banküberfall untertauchen müssen, werden Sie sich wundern, wie viele Postboten, Nachbarinnen, Schulkinder, Mütter,

Fensterputzerinnen, Hunde- und Teeladenbesitzer Sie inzwischen kennen.
Das mit dem Kontaktherstellen und -pflegen klingt also ganz einfach. Wäre es auch, wenn wir nicht allzu genaue Vorstellungen davon hätten, wie so ein Besuch abzulaufen hätte:

- Die Kinder sollen aussehen, als hätten sie seit Stunden friedlich miteinander gespielt, das Kinderzimmer hingegen, als sei es heute noch nicht betreten worden.
- Ein paar Leckereien sollen auf dem Tisch stehen, die Kindern und Erwachsenen schmecken und womöglich auch noch gesund sind.
- Animationsangebote, für die Kleinen in Form einer Kletterwand oder ein paar neuer Filzstifte und für die Erwachsenen in Form einer gut gelaunten, gesprächigen Gastgeberin, sollen garantiert sein.

Wir machen so viel Wind um Nebensächlichkeiten, dass die eigentliche Begegnung dabei manchmal verloren geht.

In unserer Kultur trifft man sich, sofern es einem gut geht, statt sich zu treffen, weil es einem schlecht geht.

Andere Länder verstehen sich besser darauf, dass es die Begegnungen sind, die uns zufrieden machen, und nicht das aufgeräumte Wohnzimmer oder das tolle Begleitprogramm.
In manchen Kulturen werden beispielsweise Mütter nach der Geburt von anderen Frauen besucht. Und zwar nicht nur, um ein Geschenk zu bringen und den Apfelkuchen

zu kosten, sondern um für die ersten Wochen tatkräftige Unterstützung zu leisten. In südlichen Ländern treffen wir Frauen und Männer, die einfach so vor ihrem Haus auf der Straße sitzen und sich unterhalten. Sie tun erst gar nicht so, als seien sie mit anderen lebenswichtigen Dingen wie dem Fernsehprogramm beschäftigt. Ein Bild, wie wir es bestenfalls von Müttern im spielplatzfähigen Alter kennen!

Wenn Sie also einen blitzsauberen Teppich möchten, dann laden Sie sich eine Putzfrau ein. Wenn Sie jemanden möchten, der pünktlich kommt, dann lassen Sie sich vom Gerichtsvollzieher besuchen.

Und wenn Sie sich nur entspannen können, solange alle Kinder harmonisch miteinander spielen, dann gesellen Sie sich lieber zu Heidi und Peter auf die Alm. Wenn Sie hingegen Menschen kennen lernen wollen, dann schrauben Sie die Ansprüche herunter und konzentrieren sich aufs Wesentliche:

> **Glückliche Mütter brauchen keine Sitzordnung und kein Animationsprogramm, sondern nur Lust auf eine Begegnung und den Willen, über vieles hinwegzusehen.**

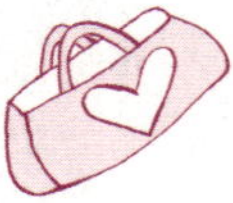

Müllbeutel und Platz im Schrank

Stellen Sie sich vor, Sie nähmen an der Jahresgala der »Glücksmutter e.V.« teil und gewännen bei der Tombola den ersten Preis. Die Moderatorin stellt Ihnen zwei Gutscheine zur Auswahl: »Fünf Dinge verschwinden aus Ihrem Leben« oder wahlweise »Fünf Dinge kommen in Ihr Leben«. Was glauben Sie, wie würden Sie sich entscheiden?
Die meisten Preisausschreiben belohnen uns mit mehr oder weniger attraktiven Reichtümern. Aber was haben wir von einer Reise, wenn daheim ein Berg Arbeit und zwei grippekranke Kinder warten?

**Glücklich machen uns nicht die Dinge,
die wir haben, sondern die,
die wir nicht haben.**

Wonach wir uns sehnen, ist kein Ärger, kein Lärm, keine Unordnung, keine Krankheiten, keine Termine. Wir wollen fünf Kilo weniger auf den Hüften haben statt einer neuen Hose in der übernächsten Größe. Und eigentlich wollen wir gar keine Krankengymnastik und Fangopackungen, sondern lediglich frei von Rückenschmerzen sein.

Vermutlich gibt es kein Zaubermittel, um Krankheiten oder Geldsorgen in Sekundenschnelle wegzuzaubern. Doch unter unseren restlichen Problemen gibt es so einige, die sich anstandslos im Sperrmüll oder Küchenabfall entsorgen lassen.

Glückliche Mütter haben keine Angst vorm Wegschmeißen!

Warum das so ist? Weil sie mit jedem Müllbeutel glücklicher werden. Alles, was sie nicht besitzen, brauchen sie erst gar nicht vor Kirschsaftspritzern zu schützen, aufzuräumen, in den dritten Stock zu schleppen oder darüber zu diskutieren, warum es während des Essens nichts auf dem Küchentisch verloren hat.

In Familien sind die kleinen und großen Besitztümer ein Dauerthema, weil die Kinder und ihre Bedürfnisse sich ständig verändern. Seien es Schuhe, Möbel oder Kindersitze, es ist unumgänglich, dass wir alle paar Tage etwas Neues anschaffen. Wenn Ihre gute Laune nicht unter dem ganzen Kram ersticken soll, werden Müllbeutel und Flohmärkte umso wichtiger. Sorgen Sie für Freiraum, indem Sie sich von möglichst vielen Dingen trennen:

- **Essensreste,** oder rechnen Sie in den nächsten Tagen wirklich mit plötzlichem Heißhunger auf altes Spiegelei?
- **Klamotten,** oder werden Sie Ihr Kind in einen giftgrünen Strampelanzug mit Häschen-Applikationen stecken, nur weil Sie ihn geschenkt bekommen haben?
- **Kaputte Sachen,** oder legen Sie Ihre Hand dafür ins Feuer, dass die Taschenlampe noch im Laufe dieses Jahres repariert wird?
- **Dinge,** die Sie nicht mögen, oder wollen Sie, dass man diesen Schnappschuss von Ihnen veröffentlicht, wenn Sie eines Tages berühmt werden?
- **Dinge,** die Sie nicht benutzen, oder wollen Sie auf ein zweites Kind verzichten, weil das nötige Zimmer mit den Möbeln Ihrer Urgroßmutter vollgestellt ist?

Ihrer Fantasie sind keine Grenzen gesetzt. Vergessen Sie auch ungenutzte Telefonnummern oder pessimistische Lebensweisheiten nicht.
Ansonsten gelten fürs Entrümpeln die gleichen Regeln wie für Ihre Beckenboden-Übungen: Machen Sie daraus eine lebenslange Gewohnheit und tun Sie es für ein paar Sekunden, sobald Sie sich daran erinnern. Gerade jetzt zum Beispiel. Sind Sie im Schlafzimmer? Neben Ihnen verstaubt der Reisekatalog aus der letzten Saison! Sitzen Sie im Wartezimmer eines Arztes? In Ihrer Umhänge-

tasche stecken drei alte Quittungen und ein hässlicher Aufkleber der Autowerkstatt! Kaum ein Hobby ist preiswerter und nachhaltiger. Eine Nebenwirkung hat es allerdings: Wegschmeißen macht süchtig.

Tipps für das Entrümpeln im Kinderzimmer:

- Es stimmt, dass Kinder so ziemlich mit allem spielen können, egal, ob es ein kaputter CD-Player oder alte Verpackungen sind. Nehmen Sie das aber nicht als Rechtfertigung, um das Kinderzimmer zur Müllhalde und zum Zentrallager zu machen.
- Wenn Sie sich nicht sicher sind, ob Ihr Kind seine letzten zwanzig Filzstiftbilder oder das Werbefähnchen aus der Bäckerei vermissen wird, dann lagern Sie die Sachen für ein paar Tage außer Reichweite. Was bis dahin nicht beanstandet wurde, kann meistens endgültig verschwinden.

- Beherzigen Sie folgende Richtlinie: Wenn es Ihnen als Erwachsenem schwer fällt, das Zimmer Ihres Kindes »mal eben« vollständig aufzuräumen, weil Sie erst überlegen müssen, wohin die vielen Kleinteile gehören, dann wird Ihr Kind dort auch nicht »mal eben« spielen. Höchste Zeit, dass Sie Ihrem Nachwuchs mehr Freiheiten einräumen!

Motorräder und rosa Handtaschen

Gestern waren wir wieder beim Babyschwimmen. Just in dem Moment, als unsere Gruppe samt frisch gewickelter Sportler und deren Schwimmhilfen die Umkleidekabinen verließ, winkte ein Angestellter mit einem Paar hochhackiger Sandaletten hinter uns her: »Gehören die jemandem von Ihnen?« Statt einer Antwort erntete der Arme nur hochgezogene Augenbrauen und vielsagende Blicke.
Eigentlich hätte er sich doch denken können, wie absurd seine Frage war. Eher geht Stefan Raab zum ZDF als eine junge Mutter auf Pfennigabsätzen zum Sport. Doch nur weil Absätze, baumelnder Modeschmuck oder weiße Sesselbezüge für das Zusammenleben mit Kindern nicht geeignet sind, heißt das nicht automatisch, dass wir sie nicht mögen.

Sogar Mütter haben ab und zu Lust auf Dinge, die überflüssig oder unpraktisch sind!

Das treffendste Symbol für Luxus dieser Art: die rosa Handtasche. Allein die Vorstellung kann die widersprüchlichsten Gefühle auslösen. Die Reaktionen reichen von »Endlich mal wieder ausgehen!« bis zum »Statussymbol dieser oberflächlichen Konsum-Tussis!« Junge Möbelhäuser feiern die Farbe Rosa seit Jahren in Form von Leselampen und Duschvorhängen und jede zweite Frau wühlt regelmäßig bei H&M in den Ohrringen, Glitzergürteln und Täschchen. Dennoch würde wohl kaum eine von uns vor Freude erröten, wenn die alten Mitschülerinnen auf dem Ehemaligentreffen sagen: »Du hast dich aber verändert! Bist jetzt mehr der Typ ›Rosa Handtasche‹, gell?«

Das Image solcher Taschen kommt nicht von ungefähr:

- Sie sind weder praktisch noch vernünftig.
- Sie kosten Geld, das ansonsten in die Unfallversicherung der Kinder geflossen wäre.
- Sie passen weder zum Matschhosen-Outfit noch zum gesellschaftlichen Bild des fürsorglichen Muttertieres.
- Und vermutlich wird kaum eine von ihnen trendmäßig den nächsten Sommer überleben. Aber wen kümmert das schon. Modetrends sind glücklicherweise nichts, um das sich Mütter kümmern müssen.

All dies kann dennoch nicht von der ungeschminkten Wahrheit ablenken: Die rosa Handtasche stellt ein weibliches Urbedürfnis dar. Natürlich heißt das nicht, dass Sie auf der Stelle die nächste H&M-Filiale plündern sollen. Schließlich würde keine Frau in meinem kinderreichen Bekanntenkreis auch nur eine Sekunde daran denken, sich von ihrem praktischen Rucksack oder der Umhängetasche mit den vielen Innenfächern zu trennen. Auch ich selbst habe eigentlich nicht vor, mir so ein rosa Exemplar zuzulegen, das nur bedingt zu meinen ungeputzten Turnschuhen und der Regenjacke passen würde.

Sie brauchen daher auch nicht wirklich eine rosa Handtasche. Sie brauchen nur das Gefühl, sich jederzeit eine leisten zu dürfen, falls Ihnen eines Tages danach zumute wäre.

Die rosa Handtasche erinnert uns daran, dass wir bei aller Familienfreundlichkeit auch das Recht auf die schönen, kitschigen, überteuerten und unpraktischen Seiten des Lebens haben.

Dieses Recht müssen Sie dann ja nicht zwangsweise in farbigen Täschchen ausleben. Schließlich gibt es noch andere Dinge, an die wir unser Herz hängen, obwohl die Vernunft und die Schwiegermutter tausend gute Gründe dagegen aufführen:

- Sie mögen weder das Motorrad noch das Surfbrett verkaufen, obwohl Sie beides seit fünf Jahren nicht genutzt haben.
- Sie haben vier Paar knallbunte Flip-Flops, die allesamt ungetragen im Schuhschrank stehen, weil sie das Treppensteigen mit Kleinkind zum unkalkulierbaren Risiko machen.
- Heute Morgen haben Sie Ihre wintertriste Wohnung durch einen Strauß gelber Tulpen aufpoliert, obwohl es morgen für zwei Wochen in den Urlaub geht.
- Sie gönnen sich ein Bauchnabel-Piercing, ein Henna-Tattoo oder die erste Dauerwelle Ihres Lebens.

Wenn Ihnen also auf dem nächsten Klassentreffen die doofe Claudia, die Sie nie hat abschreiben lassen, mit einer rosa Handtasche entgegentritt, sollte Sie nichts mehr halten: Auf an die Sektbar! Es könnte der Beginn einer wunderbaren Freundschaft sein.

Eigenlob und Applaus

Jeder braucht für sein Wohlgefühl etwas anderes: Die eine besteht auf feuchtem Toilettenpapier, der andere fühlt sich nur wohl, wenn ein Riesenschlitten vor der Tür steht, und für Joschka Fischer ist es halt der regelmäßige Gang vors Standesamt. Jeder so, wie es ihm gefällt. Wonach wir uns aber alle die Finger lecken, ist Lob und Selbstbestätigung.
Selten wird uns der bindegewebsschwache Bauch so ausführlich gepinselt, wie wir's gerne hätten. Es ist der Kartoffelchips-Effekt: Egal, wie oft man schon zugegriffen hat, man möchte immer noch ein klein wenig mehr. Wer käme denn in Frage, um uns mit Lob und Komplimenten zu überschütten?

- Der eigene Mann kann's nicht, weil er gerade die Kinder badet.
- Die Bundesregierung kann's nicht, weil sie sich mit Hartz IV statt mit Kind III beschäftigen muss.
- Der Liebhaber würde gerne, aber den werden wir erst in zwanzig Jahren wieder anrufen, wenn der Busen nicht mehr tropft und die Frage der Fruchtbarkeit endgültig entschieden ist.
- Und Ihre beste Freundin? Die wartet selbst auf ein paar aufmunternde Worte, seit sie ihren Alltag ohne den schönen Paolo, aber mit dem süßen Paolo junior meistert.

Muss Frau denn alles selber machen? Im Zweifelsfall schon. Man sagt zwar »Eigenlob stinkt«, aber schlimmer als der Windeleimer kann's nicht sein. Nehmen Sie die Sache also selbst in die Hand, auch wenn Sie angesichts

Ihrer schmerzhaften Nackenverspannungen verständlicherweise zögern, sich kräftig auf die Schulter zu klopfen:

- Machen Sie sich unter Müttern gegenseitig Komplimente. Es kann einen ganzen Tag retten, wenn eine andere sich lobend über unsere Kinder äußert oder den neuen Haarschnitt bemerkt.
- Gehen Sie zu Ikea und erleben Sie jemanden, der Ihre Bedürfnisse besser zu kennen scheint als Ihr eigener Partner.
- Lassen Sie den Abwasch stehen und nehmen Sie sich Zeit für Ihre Kinder, damit diese Ihnen mit selbst gemalten Bildern und ihrer Begeisterung zeigen können, wie sehr Sie geschätzt werden.
- Greifen Sie auf ein bezahltes Publikum zurück und verabreden Sie sich zur Massage, zur Kosmetik oder mit Ihrem Friseur.

Der Autor Bodo Schäfer empfiehlt Leuten, die reich werden wollen, ein »Erfolgsjournal« zu führen, in dem sie sich täglich in ein paar kurzen Notizen vor Augen führen, was ihnen gut gelungen ist. Mir ist das als regelmäßige Zeremonie zu aufwändig, denn im Zusammenleben mit den zwei kleinen Zeichentalenten findet man selten auf Anhieb einen Stift, wenn man ihn braucht. Aber die Idee ist gut und wirksam.
Machen Sie die Übung doch in Gedanken, wenn Sie den Keller ausmisten, auf dem Weg zum Kinderladen sind oder genau in diesem Moment: Welche fünf Dinge haben Sie heute erfolgreich gemanagt? Wann haben Sie zu Ihrer Zufriedenheit getröstet, gekocht, erklärt, transportiert oder entschieden?
Sie sagen: »Es ist doch selbstverständlich, gewissenhaft mit seinem Kind zum Vorsorgetermin zu gehen oder

daran zu denken, ihm im Winter eine Mütze aufzusetzen!« Stimmt. Aber wenn Sie etwas Selbstverständliches gut gemacht haben, dann haben Sie es dennoch gemacht

und zwar gut. Vielleicht mangelt es Ihnen an Erinnerungsvermögen. An Gelegenheiten für ein Eigenlob sicher nicht.

Herbststürme und Sinnlichkeit

Abend für Abend zeigt mir die Werbung zerfließenden Käse, schlafende Babys und trainierte Männerarme im warmen Sand. Ein Fest der Sinne! Spätestens wenn die quadratische Marzipanschokolade über den Bildschirm flimmert, denke ich: »Bei so viel Sinnlichkeit scheint die Welt der Werbung wie für glückliche Mütter gemacht worden zu sein!« Doch jedes Mal stelle ich nach kurzer Zeit fest, dass sich das mediale Angebot auf Szenen am Strand, Glänzendes und Dampfendes und – je nach Jahreszeit – Dinge mit Pfirsich- oder Zimtaroma beschränkt. Und so was nennt sich dann »Mit allen Sinnen genießen«! Das ist einer Zielgruppe, die es gewohnt ist, sich jeden Tag auf ein neues Argument gegen das sofortige Zähneputzen einzustellen, dann doch zu langweilig! Glückliche Mütter geben sich nicht mit den strahlenden Highlights zufrieden. Sie gönnen sich auch ein paar Schattenseiten, denn schließlich schmeckt die »Ente süßsauer« ohne »sauer« langweilig und selbst das Kasperletheater macht ohne Räuber keinen Spaß. Nichtsdestotrotz ist es üblich, allem aus dem Weg zu gehen, was unangenehm sein könnte. Manchmal entstehen groteske Szenen, wenn die Aufregung über diese Dinge größer ist als das eigentliche Dilemma:

- Da entscheidet der Präsident über zentrale Fragen des Arbeitsmarktes und zieht anschließend ängstlich den Kopf ein, wenn ihn der Nieselregen empfängt.
- Da zeigen die Hochzeitsreisenden, deren Verliebtheit für die Ewigkeit gedacht ist, missmutige Gesichter, weil sie dreißig Minuten miteinander auf den Transferbus zum Hotel warten sollen.
- Da erklären ihr Mann und ihre Kinder eine Frau zur Schönsten der Welt und sie überhört es, weil sie sich gerade über einen Hauch von Orangenhaut entsetzt.

Glückliche Mütter gehen mit ihren Sinnen im Alltag auf Entdeckungsreise.

Von unseren Kindern können wir uns dabei helfen lassen. Unser Nachwuchs macht uns auf Zusammenhänge aufmerksam, die wir nicht mehr sehen, und erzählt uns von Dingen, die wir lange nicht mehr wahrgenommen haben. Es reicht, sich führen zu lassen: Was liegt denn da auf dem Weg? Wie fühlt sich das Kribbeln in meinem linken Fuß an? Wer kann am schnellsten rennen? Wie fühlt

sich die Knistertüte an? Siehst du die neuen Blüten am Baum?
Gestern beobachteten meine Große und ich eine fürchterlich stinkende Teermaschine bei der Straßenarbeit. Ich erwartete schon das Protestgeschrei meines überempfindlichen Kindes, als sie mir fröhlich zurief: »Ich mag das gern, wenn das wie ›Straße‹ riecht!«
Kinder begnügen sich nicht mit den üblichen Wahrnehmungen, wie wir Erwachsene sie gewohnt sind. Sie probieren aus, wie die Buntstifte schmecken, wie das Bilderbuch riecht und wie es sich anfühlt, den Rosenkohl auf der Tischplatte zu zerreiben.
Und Sie? Kennen Sie eigentlich den Geruch Ihres Kellers? Ist Ihnen bewusst, ob sich Ihr Kaffee im Aroma von dem Ihrer Freundin unterscheidet? Wenn nicht, dann steckt in Ihrem Alltag noch Potenzial.
Spielen Sie mal daheim, Sie seien im Urlaub: Kaufen Sie mit viel Pathos typische Lebensmittel auf dem Markt. Bewundern Sie das sich ständig verändernde Licht und die komfortable Ferienwohnung. Erleben Sie das fremde Deutschland, berühmt für seine kalten Regengüsse! Schnell in die wetterfesten Jacken, das müssen wir erleben!

Glückliche Mütter machen es sich einfach. Sie haben gelernt, ein paar frische Tomaten oder einen Schneeschauer zu genießen, statt sich vom Wetterbericht und der Urlaubskasse abhängig zu machen. Schließen Sie sich an. Sie brauchen ja nicht gleich bei Herbststurm zu zelten. Es reicht, ihn sich genüsslich vom Fenster aus anzuschauen.

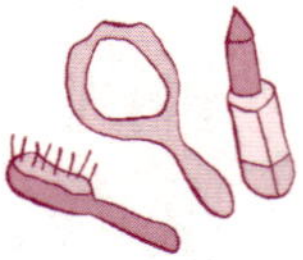

Yin und Yang

Es gibt einiges in der chinesischen Kultur, das sich auch bei uns großer Beliebtheit erfreut, obwohl es weder Natriumglutamat noch Bambussprossen enthält.
So auch die Sache mit dem Yin und Yang. Es ist die Bezeichnung für zwei sich ergänzende Impulse, nach denen sich alles im Universum ausrichtet. Solche Impulse kennen wir beispielsweise im Wechsel von Tag und Nacht, beim Ein- und Ausatmen oder in der Kombination von Männlichem und Weiblichem. Das Yin kann ohne das Yang nicht sein und umgekehrt. Erst durch das richtige Verhältnis fühlen wir uns entspannt und ausgeglichen.
Da glückliche Mütter alles, was ihnen in die Quere kommt, kurzerhand etwas vereinfachen, hieße das frei übersetzt:

Gönn dir von allem etwas!

Das klingt doch gut. Ob es so gemeint war? Das Ergebnis ist eine Karriere trotz Elternzeit, Sex trotz Schwangerschaftsstreifen, Hosengröße 38 trotz gezuckertem Milchkaffee, Stefan Raab trotz *Findus und Petterson*. Nur weil das eine richtig ist, muss das andere schließlich nicht falsch sein.

Sorgen Sie für Ausgleich:

- Suchen Sie sich im Sommer einen Schattenplatz.
- Gehen Sie in der dunklen Jahreszeit ins Solarium.
- Geben Sie eine Prise Salz in den Pudding.
- Philosophieren Sie über Ihren Begriff von Luxus, wenn Ihre Kontoauszüge durch Spiegelstriche glänzen.

- Begießen Sie Ihren glorreichen Auftritt bei *Wer wird Millionär?* mit einer Buttermilch von Aldi.
- Schälen Sie in meditativer Ruhe weiter Ihre Kartoffeln, wenn Ihre Kinder aufgekratzt sind.
- Trinken Sie ein Glas Wasser zum Essen und essen Sie, bevor Sie zur Weinprobe gehen.

Wenn Sie also das nächste Mal zögern, ob Sie den Fernsehabend durch eine Tüte Chips ergänzen sollten, obwohl Sie Ihren Kindern heute einen Vortrag über gesunde Ernährung gehalten haben, dann denken Sie an den Ausgleich der Elemente. Nach drei pürierten Mahlzeiten Yin und einem thematisch passenden Bilderbuch wird es jetzt zum Feierabend höchste Zeit, eine 250-Gramm-Tüte Yang dagegenzuhalten.

Wo glückliche Mütter gerne etwas bescheidener sind

Werbegeschenke und andere Reichtümer

Es soll Leute geben, die ihre Kinder an einem strahlenden Samstag im Mai in die Autositze hieven und mit ihnen ins zehn Kilometer entfernte Einkaufszentrum fahren, nur weil es bei Real-Kauf heute zehn Kilo Orangen inklusive eines Plastikeimers als Werbeprämie gibt.
Diese Eltern denken, den Eimer gäbe es umsonst. Weit gefehlt! Sie müssen ihn lediglich nicht an der Kasse bezahlen. Allerdings sind vom elterlichen Konto schon längst ein Teil der morgendlichen Entspannung und zwei Stunden Freizeit, in denen sie sonst in den Märchenwald gefahren wären, abgebucht worden. Ein teurer Eimer, zumal sie eigentlich keinen zweiten gebraucht hätten.
Werbegeschenke sind ein Phänomen. Es gibt Bonuspunkte, Treue- und Aboprämien. Wenn ich ein Auto kaufe, bekomme ich eine Klimaanlage dazu und selbst die Arztpraxis verlassen wir nicht ohne ein paar »Probier-Vitamine«. Junge Mütter, die im Krankenhaus (teils noch

unter dem Einfluss großzügig verabreichter Schmerzmittel) das passende Kärtchen unterschrieben haben, profitieren zusätzlich von den Windel- und Gläschenkost-Firmen. Deren freundliche Mitarbeiterinnen haben auf ihren Hausbesuchen von Milchbreiproben über Kinder-Unfallversicherungen so ziemlich alles dabei, was junge Mütter brauchen könnten.
Was liegt näher, als zu denken: Wenn ich es umsonst bekomme, kann es mir ja nicht schaden, wenn ich es annehme.
Der Alltag sieht dann allerdings so aus, dass Sie mit zwei hungrigen Kleinkindern vom Spielplatz heimkommen, um sich mit einem Schmusehasen, einer Wickeltasche, zwei Sandschaufeln und eben diesen beiden süßen Kindern die Treppe emporzuarbeiten. Wenn dann auch noch zwei alberne Schirmmützen und ein dicker Gratiskatalog dazukommen, sehen Sie die Sache anders!

Kein Schritt in unserem Leben bleibt folgenlos. Die Hipp-Tante wird Sie zielgenau in der Stunde anrufen, in der Sie sich mit Ihrem Mann zu einem intimen Mittagsschläfchen zurückgezogen haben. Der nette Vertreter von der gebührenfreien Finanzoptimierung wartet auf eine Erklärung, warum Ihnen sein Besuch gerade am heutigen Tag nicht passt, wo Sie Ihr Kind ohne Pampers übers leicht zu reinigende Parkett laufen lassen, um heilende Frischluft an den wunden Popo zu lassen. Und nebenbei müssen Sie vier Wochen lang im übernächtigten Kopf behalten, das Probe-Abo für eine Zeitung zu kündigen, von der Sie vom ersten Tag an wussten, dass Sie sie nicht auf Dauer lesen.

Es gibt Sachen, die gratis sind. Aber auch die kosten Zeit, Kraft, Aufmerksamkeit. Investieren Sie in Beziehungen und bleibende Erinnerungen statt in Kugelschreiber und minderwertige Plastikpüppchen.

Im letzten Sommer verkauften wir auf dem Flohmarkt all jene Kuriositäten und Werbegeschenke, die sich in den letzten vier Jahren angesammelt hatten. Unser Motto an diesem Morgen lautete: »Alles muss raus!«, so dass es schon mal sein konnte, dass eine Kaffeemaschine für einen Euro den Besitzer wechselte. Als ich aber die Frage eines Mannes nach ein paar leeren CD-Hüllen mit »20 Cent« beantwortete, löste ich damit bei ihm eine ganze Flut von Vorwürfen aus: »Ihr wisst ja nicht, was ihr euch entgehen lasst! Ihr müsst die Sachen ins Internet stellen, statt sie hier zu verschleudern. Für die CD-Hüllen hier krieg ich locker ein oder zwei Euro!«
In seinem minutenlangen Vortrag kam er auch auf seine Kinder zu sprechen. Was mögen die später einmal sagen, wenn sie alt genug sind, um ihren voll beladenen Beetle selbst zum Flohmarkt zu steuern? »Danke, Papa, dass du jedes Wochenende auf den Gewerbeparkplätzen der Stadt herumgestrolcht bist, während andere Familien mit ihren Kindern Fußball gespielt haben. Danke, dass du uns vor dem Einschlafen mit verträumtem Blick die neuesten Aktionsangebote für drei leere CD-Hüllen vorgelesen hast. Woher sonst hätten wir die 1,50 Euro nehmen sollen, mit denen du heute unsere Ausbildung finanzierst ...?«

Kaffeeklatsch und andere Termine

Es ist wahrscheinlich kein Zufall, dass jede Schwangere knapp vierzig Wochen von der Frage begleitet wird: »Wann haste denn Termin?« Im tiefsten Inneren wird ihr klar, worauf sie sich eingelassen hat: Termine!
Dieses heikle Thema kennen wir noch aus unserem früheren Leben als Versicherungskauffrau, Kundin oder Patientin. Damals haben wir mit Zeitvorgaben und festen Verabredungen ganz souverän jongliert. So kann uns selbst die Tatsache, dass sich die Arzttermine mit der Geburt unserer Kinder verdreifachen, erst einmal nicht schrecken.
Und trotzdem macht eben dieses Thema fast jede glückliche Mutter bisweilen hektisch, gereizt oder unzufrieden. Oft vergessen wir nämlich, dass die Spezies »Kinder« bei der Terminplanung besondere Aufmerksamkeit braucht.

Kinder leben noch zeitfrei, statt ihre Freizeit zu planen.

Für Ihre Tochter ist es wenig einsichtig, weshalb sie heute Lust haben sollte, mit Finja zu spielen, nur weil es vor drei Wochen telefonisch so vereinbart wurde. Mädchen und Jungen gehen mit einer Sorglosigkeit in den Tag, die uns Erwachsenen schon fremd ist. Die Zeit wird vor allem durch Spiele und Mahlzeiten strukturiert und den Schlafrhythmus bestimmt der Daumen und nicht der Wecker. Sie wissen morgens noch nicht, was der Abend bringen wird, und bis zum nächsten Faschingsfest bleibt ihnen noch eine unvorstellbar lange Ewigkeit. Alle Erwachsenen wissen, dass es nie wieder einen solchen Lebensabschnitt

geben wird. Gehen wir behutsam mit der Lebenszeit unserer Kinder um. Die Richtlinie sollte sein: Wir bestimmen die Termine, statt uns von den Terminen bestimmen zu lassen.
Das ist nicht selbstverständlich, solange sich in vielen Haushalten für die Planung der Freizeitgestaltung ein eigenes Computerprogramm lohnen würde. Mir ist schon klar, dass der Vorsitzende der Deutschen Messe AG nicht sagen kann: »Haste Lust, heute auf 'ne Vorstandssitzung bei den Japanern vorbeizugehen?« Aber genauso widersinnig erscheint es mir, wenn ich mich zu Quartalsbeginn vormerken lassen muss, nur um acht Wochen später für Ninas Mama und mich Kaffeewasser aufzusetzen.

Entsorgen Sie den hausgemachten Termindruck.

Zweifelsohne kennen Sie die Einschränkungen, die das Leben mit kleinen Kindern mit sich bringt. Aber sind Sie sich auch der Freiheiten bewusst, die Ihre momentane Situation mit sich bringt? Werden Sie in ein paar Jahren immer noch für die ganze Belegschaft Butterbrote schmieren, allen Mitarbeitern Mützen überstülpen und aus einer spontanen Idee heraus vormittags zu Ikea fahren? Oft sind Mütter in ihrer Tagesplanung erstaunlich ungebunden, sofern sie sich diese Freiheit nicht durch selbst gemachten Termindruck beschneiden.

Kurzhaarfrisuren und andere Veränderungen

Wir leben in den Jahren tief greifender Veränderungen, Ebbe und Flut sind nichts dagegen. Unser Leben wandelt sich ...

- von Hosengröße 36 zu 42 (und, wenn wir Glück haben, auch zurück).
- vom Zimmer in der Wohngemeinschaft zur Doppelhaushälfte in der Neubausiedlung.
- von der Position einer heiß gehandelten Finanzexpertin zur heiß diskutierenden Elternvertreterin im Kinderladen (und wenn wir Glück haben, auch zurück).
- vom Micra zum VW Sharan.
- von der Gewohnheit, sonntags erst um kurz nach zehn aufzuwachen, zum Trend, samstags schon um kurz vor zehn einzuschlafen (und wenn wir Glück haben, auch zurück).

Veränderungen sind in unserem Alltag an der Tagesordnung. Wir meistern sie mit der Flexibilität eines Gummibandes. Und da wir gerade so schön dabei sind, vergessen wir manchmal, rechtzeitig wieder aufzuhören! Denn es gibt ständig etwas zu erledigen, zu renovieren und umzubauen. Wir wechseln den Stubenwagen gegen das Gitter- und das Juniorbett, bevor wir zwei Jahre später das ultimative Hochbett aufbauen. Selbst die Kleidergröße unserer Kinder macht den Trend der pausenlosen Veränderung mit, so dass es immer etwas auszusortieren und neu zu kaufen gibt.

Glückliche Mütter schaffen es, im richtigen Moment alles beim Alten zu lassen!

Manchmal gilt es, sich für einen kurzen Moment zu überlegen, ob wir nicht gerade einen guten Ist-Zustand erreicht haben. Vielleicht sind wir ja – ohne es in der Hektik groß zu bemerken – an genau dem Ziel angekommen, von dem wir noch vor einiger Zeit geträumt haben. Das ist der Moment, sich für eine halbe Stunde oder zwei Monate eine Veränderungs-Pause zu gönnen und sich über das zu freuen, was man erreicht hat.

- Warum zum Probetraining beim Judo gehen, wenn sich Ihre Tochter im Fußballverein so gut eingelebt hat?
- Warum nach 15 Jahren glücklicher und wilder Ehe heiraten oder stattdessen mit dem Typen aus dem Internet-Chat durchbrennen, nur weil Ihre Hormone sich in der Zyklusmitte nicht benehmen können?
- Warum über Kurzhaarfrisuren grübeln, wenn Ihr Mann gerade erst wieder bestätigt hat, wie gut Ihnen Zöpfe stehen?
- Warum Ihr Kind nicht einfach ungestört am Schuhregal spielen lassen, statt ihm gerade jetzt ein Puzzle anzubieten?
- Warum nicht einfach auf sich zukommen lassen, was heute Nachmittag passiert, statt jede Stunde zu verplanen?

Das Motto »Abwarten und Tee trinken« wirkt erstaunlicherweise gerade bei Alltagsproblemen. Probieren Sie es bei Erkältungen, schlechter Laune, Hungerattacken während einer Diät, prämenstruellen Ausnahmezuständen, beleidigten Nachbarn, Heimweh und schlechtem Wetter.

Steuererklärungen und andere Arbeiten

»Schau auf meinen Abwasch und du machst dir ein Bild vom Begriff der Ewigkeit ...«, begrüßte mich eine Freundin letzte Woche. An Folsäure und Geduld mag es uns mangeln (der einen oder anderen auch an einer guten Spülmaschine), aber Arbeit gehört zu den Dingen, die uns niemals ausgehen. Warum auch? Zweifelsohne gehört Arbeit zum Leben und kann manchmal eine Menge Spaß machen.

Es wäre paradiesisch, wenn wir jedes Mal mit euphorischer Begeisterung die Steuererklärung machten und mit freudig geröteten Wangen den Fahrradanhänger in den Keller hieven würden. Tatsächlich ist die Liste der Erledigungen so lang, dass wir oft müde und erschöpft sind und dennoch pausenlos rotieren. Lohnt sich das?

Um die lästigen Routinearbeiten kommen wir nicht herum. Es lohnt sich aber, seine Erledigungen und Putzpläne wieder zu verwerfen, wenn sich ein besseres Angebot auftut.

Eine spontane Einladung, Grillwetter, Überraschungsbesuch aus Karlsruhe, der erste Schnee oder eine Spielidee Ihrer Kinder lassen sich nun mal nicht drei Wochen vorher anhand des Kalenders planen. Solche Gelegenheiten tauchen von einer Sekunde zur nächsten auf und warten in aller Seelenruhe ab, ob man nach ihnen greift oder nicht. Setzen Sie Prioritäten.

Glückliche Mütter greifen zu, so oft sie können, wenn man ihnen ein Stück vom »wahren Leben« anbietet.

Konzentrieren Sie sich mehr auf das Leben als auf die Vorbereitungen darauf. Spielen Sie mit Ihren Kindern, statt auf der Suche nach einem neuen Spielzeug durch die Stadt zu hetzen. Treffen Sie sich mit Leuten, statt die Fenster zu putzen für den Fall, dass überraschend Besuch an der Tür läutet.

Es steht in den Sternen, ob es Ihrem Mann heute Abend auffallen würde, wenn Sie den Kasten mit den Kinderstrumpfhosen sortiert hätten. Ihre gute Laune nach dem spontanen Treffen mit einer alten Bekannten wird allerdings nicht unbemerkt an ihm vorbeigehen.

Besonders leicht fällt diese Art der Spontaneität denjenigen Frauen, die rechtzeitig planen. Diese seltenen Exemplare halten schon im August die Augen nach Weihnachtsgeschenken offen. Wenn sie dann eine Einladung zum Badesee bekommen, können sie unbeschwert zustimmen, obwohl sie heute Nachmittag eigentlich das Aftershave für ihren Schwiegervater kaufen wollten. Sicher werden Sie mit etwas weniger Perfektionismus aber auch zum Zuge kommen.

Urlaub und andere Paradiese

Gerade eben haben Sie einen Wochenendeinkauf, die Post und ein fünf Monate altes Kind in den dritten Stock geschleppt und stöhnen: »Puh! Ich bin echt urlaubsreif!«, als der Radiosprecher verkündet: »Fliegen Sie für eine Woche auf die Malediven. Lassen Sie sich in das abgeschiedene Inselparadies eines Luxus-Ferien-Clubs entführen. Speisen Sie im Restaurant unseres Drei-Sterne-Kochs und entdecken Sie auf der Dschungelsafari die unberührte Natur ...«

In diesem Moment wünschen Sie sich nichts sehnlicher, als auf der Stelle in den Flieger zu steigen. Doch seien Sie vorsichtig. Nicht jedes Paradies ist automatisch familienfreundlich:

- Mit einem Säugling rät Ihre Kinderärztin von Fernreisen in die himmlischen Sphären ab.
- Auf Wolke sieben werden Sie pausenlos aufpassen müssen, dass niemand beim Toben runterfällt.
- Im Paradies müssen Sie ständig hinterher sein, dass die Kleinen nicht nach den verbotenen Äpfeln greifen.

Kaum ein Paradies kommt ohne Durchfall, gefährliche Strömungen und unmenschliche Abflugzeiten zwischen zwei und vier Uhr nachts aus. Das soll Urlaub sein? Manchmal geben wir ein Vermögen aus, um an Orte zu kommen, an denen es für Mütter eigentlich viel ungemütlicher ist als zu Hause.

Das ganze Jahr freuen wir uns auf vierzehn Tage Badeparadies und verbringen dann die erste Woche im Regen und die zweite mit dem Seeigelstachel im Fuß unseres Mannes.

Erholen Sie sich dort, wo es Ihnen gut geht. Vermutlich ist es ein Ort mit sehr wenig Samba, aber vielen Buntstiften.

Tipps für ein paar himmlische Urlaubstage:

- Sind Sie ausgehungert nach ungewöhnlichen und spannenden Abenteuern? Haben Ihre Kinder von Geburt an durchgeschlafen, so dass Sie wenigstens einmal in Ihrem Leben an Ihre körperliche Belastungsgrenze gehen wollen? Dann sind die sechs Wochen ägyptisches Wüstenwandern bestimmt genau das Richtige für Sie. Wenn Sie sich allerdings erholen wollen, dann nehmen Sie in den nächsten Jahren Abstand von Abenteuern, Gefahren, Extremsport und Reisezielen, die aufwändige Impfungen vorschreiben.

- Suchen Sie einen Ort, an dem es standfeste Hochstühle gibt und wo das Klima und Essen Ihnen und Ihren Kindern gut tun, statt sie in die Notfallambulanz zu bringen. Seien Sie sich nicht zu schade für einen Ort mit Kinderbelustigung, solange Sie noch nicht mit Petrus gesprochen haben.
- Vergessen Sie nicht: Egal, welches Reiseziel Sie sich aussuchen, Ihre Kinder werden spielen! Vermeiden Sie also Giftschlangen, die Innenstädte von London oder Tokio und Hotels mit mehr als vier Sternen. Suchen Sie Orte aus, die auf spielende Kinder vorbereitet sind. Das ist die beste Voraussetzung dafür, dass sich auch Spielkameraden für Ihre Kinder dort einfinden werden.

Fliegen Sie nicht nur deshalb auf die Malediven, weil Sie die Reise gewonnen haben. Gehen Sie lieber in ein Familienferiendorf. Oder Sie nutzen die Tage, an denen Ihr Mann und Sie Urlaub haben, um endlich einmal Zeit zu Hause oder bei Ikea zu verbringen. Planen Sie das, was Sie sich den Rest des Jahres von Herzen gewünscht haben. Wenn Ihr Inneres nach Milchkaffee, einem ungestörten Plausch mit der besten Freundin und *Harry und Sally* schreit, dann legen Sie die Urlaubskasse doch in einen neuen DVD-Spieler, ein neues Kindermädchen und einen neuen Rekord auf der Telefonrechnung an.

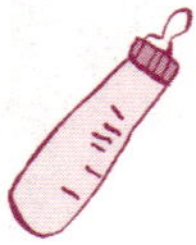

Werden Sie eine Gewinnerin

Verbringen Sie einen Tag ohne Jammern

Wer sich umhört, könnte meinen, eine Mutter, die nicht jammert, bekäme über kurz oder lang das Sorgerecht entzogen. Die vergangene Nacht, der neue Kindergarten oder der Preis für ein Paar Gummistiefel – unser Alltag hat's wirklich in sich.

Andererseits führen wir ein Leben, um das uns viele beneiden: In unserer Wohnung gibt es süße Fertiggerichte. Für unseren Nachwuchs und den Ikea-Konzern gehören wir zu den wichtigsten Menschen der Welt. Wir brauchen nur drei Sekunden, um in einem öffentlichen Verkehrsmittel neue Bekanntschaften zu knüpfen. Und die Single-Zeiten, als es schwer war, sich die langen, einsamen Sonntagnachmittage zu vertreiben, erscheinen uns wie ein anderes Leben.

Warum jammern wir dann so viel? Füllt es den Kühlschrank? Beruhigt es die Kinder? Löst es auch nur eines unserer Probleme?

Lebensfreude hat rein gar nichts mit einer objektiven Wirklichkeit zu tun, sondern richtet sich ausschließlich danach, wie wir die Dinge um uns herum bewerten.

Das erscheint Ihnen zu simpel?
Dann starten Sie ein folgenreiches Experiment: Versuchen Sie doch einmal, für die Dauer eines Tages jede negative Bemerkung zu vermeiden. Sie werden verblüfft sein, wenn Ihnen bewusst wird, wie oft Ihnen ein kritisches Wort oder eine dunkle Prophezeiung über die Lippen kommen will. Die Dinge bekommen nämlich genau den Stellenwert, den wir ihnen zuteilen. Wenn wir weniger über den Schlaf- und Zeitmangel und die alten Nudeln auf dem Küchenboden reden, nehmen wir ihnen die Macht über uns.

Haben Sie sich schon einmal Gedanken darüber gemacht, dass 82 Millionen Menschen in diesem Land manchmal Kopfschmerzen haben, Termine einhalten und Kontoführungsgebühren zahlen? Wir brauchen es also nicht ständig zu betonen, denn es gehört zur Normalität. Es gibt niemanden ohne alltägliche Mühen, aber nicht jeder überlässt ihnen den wichtigsten Platz in seinem Leben.

Kolumbus ernährte sich zu einseitig, Einstein kam immer zu spät und Ex-Außenministerin Albright schrieb mit Kleinkindern an ihrer Seite ihre Doktorarbeit. Picasso litt an Verdauungsstörungen und Michael Schumacher war beim letzten Rennen mit seiner Frisur nicht zufrieden. Zum Gesprächsthema wurden all diese Menschen aus anderen Gründen.

Laden Sie die wirklich wichtigen Themen in Ihr Leben ein:

- Lockern Sie Ihre verspannte Rückenmuskulatur auf dem Protestmarsch gegen die Abholzung des Regenwaldes.
- Unterhalten Sie sich auf dem Spielplatz über Traumberufe.
- Planen Sie im Wartezimmer den nächsten Urlaub.
- Hochzeitstag, Wochenende oder die Anschaffung der neuen Kühltruhe – feiern Sie Ihr Leben bei jeder sich bietenden Gelegenheit!

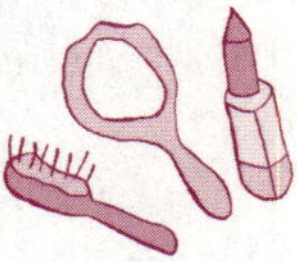

Sehen Sie den Neid als gutes Zeichen

Wenn Sie halbwegs erfolgreich in Ihren Beruf zurückgekehrt sind und anderen Müttern Ihre Erschöpfung und Selbstzweifel eingestehen, bekommen Sie zu hören: »Das kann ja auch nicht gut sein, sich auf Kosten der Kinder selbst verwirklichen zu wollen.«
Seit Sie sich nicht mehr auf jeden ehrenamtlichen Posten stürzen wie auf die allabendliche Tafel Marzipanschokolade, genießen Sie mit Ihren Kindern so manchen entspannten Nachmittag. Als Sie die Organisation des Kindergartenfestes ablehnen, stichelt Ihre gehetzte Artgenossin: »Ach komm, was hast du denn schon zu tun!?«, und ihre Nachbarin tuschelt: »Die hält sich wohl auch für was Besseres.«
Sie zeigen den Kollegen Ihr neu gebautes Haus, doch die haben nur spöttische Kommentare für Sie übrig: »Mir wär's ja zu spießig.«

Warum reagieren einige Mitmenschen so abschätzig? Ganz einfach: Sie sind neidisch! Die Attacken neidischer Menschen können unheimlich verletzend sein. Sie lassen sich aber besser ertragen, sobald Sie erkannt haben:

Neid tritt immer dann auf, wenn wir auf dem richtigen Weg sind.

Es ist schließlich kein Zufall, dass ausgerechnet Sie zum Kreis der glücklichen Mütter gehören. Sie haben Ihr eigenes Wohlergehen zur Chefsache erklärt. Sie haben sich bewusst dafür entschieden und einiges dafür getan. Deshalb sind tatkräftige Frauen wie Sie eine Provokation

für alle, die sich mit weniger begnügen und ihre Unzufriedenheit halbherzig aufs Wetter oder die schwierigen Zeiten schieben.
Die scharfzüngigen Kommentare der anderen sollen eine Abtrünnige wie Sie zurück ins Boot holen! Falls es diese Menschen schaffen sollten, Sie so zu verunsichern, dass Sie Ihre Vision von einem Leben in Kanada abblasen und die knallengen Jeans zugunsten der biederen Bundfaltenhose in den Schrank zurückhängen, dann tragen die Pessimisten einen Sieg davon.

Sobald also jemand in Ihrer Gegenwart stichelt, dann vergegenwärtigen Sie sich Ihre Situation:
Haben Sie nicht gerade eben Urlaub auf Teneriffa gebucht? Kennen Ihre Kinder Platzwunden und Mittelohrentzündungen nur aus dem Bilderbuch *Heute gehe ich zum Arzt?* Kann Ihr Jüngstes bereits mit elf Monaten laufen? Oder können Sie auf Hormonspritzen verzichten, weil ein lüsterner Blick Ihres Mannes genügt, um Sie zu schwängern?
Beneidenswert! Wen wundert's also?
Sehen Sie Neid als Bestätigung für ein erfülltes und spannendes Leben. Solange Sie sich dadurch nicht dermaßen verunsichern lassen, dass Sie duckmäuserisch in die Runde der unzufriedenen Nörglerinnen zurückkehren, kann es ja trotzdem nicht schaden, sich die Sticheleien mal durch den Kopf gehen zu lassen. Sind Sie tatsächlich ein klein wenig zu arrogant, spießig oder karrierefixiert geworden? Man kann ja nie wissen ...

Werden Sie zum Fernsehstar

Die meisten von uns haben eine konkrete Vorstellung davon, wie ihr Familienleben auszusehen hat: Es fällt nichts runter, die Fußböden sind sauber, der Wagen springt an und vor dem 60. Geburtstag unserer Schwiegermutter gehen wir zum Friseur. Wir denken:

Normal ist, wenn nichts passiert.

Wir sind ständig in Aktion, um irgendwann einmal diesen Zustand zu erreichen, an dem alle Rechnungen bezahlt und alle Fenster geputzt sind.
Drehbuchautoren beim Fernsehen haben andere Ideale. Für einen erfolgreichen Spielfilm gilt:

**Normal ist, dass etwas schief geht,
je mehr, desto besser.**

Familienkomödien haben gerade deshalb Einschaltquoten von ein paar Millionen Zuschauern, weil Geheimnisse ausgeplaudert werden, weil die Mikrowelle explodiert, das Haus gepfändet werden soll und der Chef des Mannes just in dem Moment vor der Tür steht, als die Gattin im Spitzennachthemd versucht, die sieben Zwergkaninchen wieder einzufangen und ihrer Tochter die Erbse aus der Nase zu pulen.
Auf dem Bildschirm sieht das alles so herrlich locker aus! Tun Sie doch einfach so, als seien Sie Star einer kultigen Fernsehserie, egal ob Sie den Tag als Julia Roberts oder Katja Riemann verbringen.
Schauspielern Sie ein abgedrehtes Huhn, das mit beiden Beinen im Leben steht, selbstbewusst und vor Energie

strotzend. Stellen Sie sich vor, dass Millionen von Zuschauern Ihnen über die Schulter schauen und Sie dafür bewundern, wie souverän und lebenslustig Sie mit kleinen Katastrophen und Kinderspielzeugen jonglieren.

Von nun an leben Sie in einer großzügig geschnittenen, aber nie aufgeräumten Altbau-Villa. Auf langen Autofahrten stecken Sie sich die coole Sonnenbrille ins Haar und singen den Radiotitel laut mit. Sie tragen zwei bunte Pullis lässig übereinander und zünden 82 Kerzen an, wenn Sie baden. Und falls Ihr Sohn sich wieder einmal weigert, seine Zähne zu putzen, dann schnappen Sie ihn sich und sagen im Tonfall von Bruce Willis: »Okay, Baby, das war deine letzte Chance ...«

Anschließend sitzen Sie mit dicken Wollsocken und Ihrer besten Freundin am nicht abgeräumten Esstisch und philosophieren rotweinselig über die Spezies »Männer«.

Eines ist sicher: Die menschliche Psyche scheint ein heimlicher Fan großer TV-Komödien zu sein, denn seltsamerweise fällt sie auf derartige Schauspielereien rein. Wenn Sie so tun, als seien Sie selbstbewusst und lebenslustig, dann *glaubt* sie Ihnen das nach kürzester Zeit.

Bei *Sex and the City* saßen mehr Zuschauer vor der Glotze als bei der ersten Landung auf dem Mond, und die *Lindenstraße* läuft seit über tausend Folgen. Wenn Ihnen Ihre neue Rolle zusagt, spricht nichts dagegen, diese Rekorde zu brechen ...

Werden Sie ein Unikum

Als Fünfzehnjährige träumte ich von einer Filmrolle in *La Boum – die Fete* und trug am liebsten den knielangen, selbst gestrickten Pullover meines Freundes. Ich dachte:

Es macht glücklich, etwas Besonderes zu sein.

Das ist jetzt achtzehn Jahre her und mittlerweile vergammelt er bei mir im Keller (der Pullover, nicht der Freund). Auch sonst hat sich einiges verändert. Seit ich erlebt habe, welch hektische Betriebsamkeit ausbricht, sobald ein Kind geringfügig von der Gewichtstabelle im Vorsorgeheft abweicht und wie übel Prominenten wie Boris Becker in Steuer- und Vaterschaftsfragen mitgespielt wird, denke ich:

Es macht glücklich, zum Durchschnitt zu gehören.

Es kann angenehm sein, zur breiten Masse zu zählen, denn dann finden Sie problemlos Schuhe in Ihrer Größe und der Autohändler muss die Ersatzteile für Ihren Standardwagen nicht aufwändig aus Übersee einfliegen lassen.
Die Sache hat nur einen Haken: Wir entsprechen seltener der goldenen Mitte, als wir annehmen. Ich zum Beispiel habe verschiedenfarbige Augen und einen überdurchschnittlichen Verbrauch an Marzipanschokolade. Eines meiner Kinder weigert sich seit vier Jahren beharrlich, die Treppenstufen gemäß der offiziellen Entwicklungstabelle zu erklimmen. Und es ist mir ein Rätsel, wo-

her ich die Energie für das bundesdeutsche Mittel von zwei Mal Sex pro Woche nehmen soll. So gesehen gebe ich zu:

Es kann anstrengend sein, zum Durchschnitt gehören zu wollen.

Vielleicht fehlt Ihnen ebenfalls die Motivation, um Hormonhaushalt, Essgewohnheiten und den Schlafrhythmus eines einjährigen Kindes ständig mit dem deutschen Durchschnitt abzugleichen.
Dann halten Sie sich an die Erkenntnis der glücklichen Mütter:

Es ist bequem, ein Unikum zu sein.

Stehen Sie zu Ihrem individuellen Lebensstil. Als stadtbekanntes verrücktes Huhn brauchen Sie sich nicht ständig zu rechtfertigen und können machen, was Sie und Ihre Familie wollen:

- Sie glänzen durch Ihre gute Laune statt durch eine polierte Spüle, wenn alte Bekannte unangekündigt vor Ihrer Wohnungstür stehen.
- Sie tragen Ihr Lieblingssweatshirt aus Schulzeiten so lange in der Öffentlichkeit, bis es wieder total trendy ist.
- Sie lassen sich an Heiligabend eine Familienpizza kommen und schreiben Ihre Weihnachtskarten lieber im Sommerurlaub.
- Sie lassen Ihr Kind wutentbrannt vor dem Süßigkeitenregal toben und freuen sich über seine Vitalität, statt sich an den Blicken der Kassiererin zu stören.

Überschreiten Sie Ihre Mutgrenze

Als Mütter brauchen wir Ausdauer und waschbare Sofabezüge, aber brauchen wir auch Mut? Sind Sie schon einmal von der Reiswaffel gebissen worden? Wann wurde die Kindertagesstätte zum letzten Mal Ziel eines Raubüberfalls? Das Leben innerhalb der Familie gilt im Allgemeinen als harmlos.
Täuschen Sie sich nicht! Die meisten von uns pflegen still und heimlich ein paar Nebenbeschäftigungen:

Als **Drahtseilartistin** tragen Sie das volle Risiko für den Versuch, die Balance zwischen Ihren Rollen als Mutter, Geliebte und Steuerfachgehilfin zu halten.

Als **Dschungelkämpferin** schlagen Sie sich durch das undurchdringliche Dickicht aus Altglas, Puzzleteilen und Kinderzeichnungen.

Als **Börsenspekulantin** halten Sie weder Altersarmut noch der Preis für das Hochbett davon ab, ein drittes Kind zu bekommen.

Als **Sicherheitskurier** beweisen Sie Mut und Nervenstärke, um Ihre kostbare Fracht morgens im Fahrradanhänger unbeschadet durch den Verkehr zu kutschieren.

Glückliche Mütter sind nicht mutiger oder ängstlicher als andere Frauen. Dennoch folgen sie bei allem, was sie tun, dem Motto:

Herzklopfen plus eins.

Das bedeutet, dass Sie nicht stehen bleiben, wenn Sie Ihre persönliche Mutgrenze erreicht haben, sondern immer noch einen winzigen Schritt weitergehen:

- Sie fragen die nette Mutter auf dem Spielplatz, ob Sie sich auch mal privat treffen wollen.
- Sie erkundigen sich nach der Stelle als Grafikerin, obwohl Sie noch keinen blassen Schimmer haben, wie sich eine Kinderbetreuung organisieren ließe.
- Sie kritisieren öffentlich, wie hart andere Eltern mit der Erzieherin ins Gericht gehen, auch wenn Sie sich damit Sympathien verscherzen.

- Sie lassen sich die Aufnahmebedingungen für die Musikhochschule schicken.

Wenn Sie immer nur das tun, was Sie sich sowieso schon trauen, dann bleibt alles, wie es ist. (Was zweifelsohne eine schöne Sache sein kann, sofern Sie gerade mit einem Glas Champagner und Ihrem Mann in der Badewanne sitzen, um den Erfolg Ihrer ersten CD zu feiern. In diesem Fall können Sie das Kapitel ja überblättern.) Wenn Sie aber von den nächsten Jahren andere Highlights erwarten als die Steuerrückzahlung und die Weihnachtsfeier in der Krabbelgruppe, dann überschreiten Sie Ihre Mutgrenze. Das Motto »Herzklopfen plus eins« belohnt Sie mit Abwechslung, mit interessanten Kontakten und lässt Sie Dinge erleben, mit denen Sie nie gerechnet hätten.

Unter Müttern

Fallen Sie sich nicht gegenseitig in den Rücken

Neulich blätterte ich bei Freundinnen in einem Buch mit dem Titel *Fit nach der Geburt*. Es zeigt das Foto einer joggenden Frau in Hosengröße 36, die mit ihrem zwei Wochen alten Baby im Kinderwagen durch den Park joggt. Die Bildunterschrift lautete: »Bereits im Wochenbett können Sie mit leichter sportlicher Betätigung beginnen.« Natürlich ist jeder von uns Müttern klar, dass der Beckenboden dieser jungen Frau locker im Takt ihres Walkmans mitschwingen würde, so dass sie sich schon nach hundert Metern in die Hose gepinkelt hätte und nur der wogende und tropfende Stillbusen die Passanten von diesem Missgeschick ablenken würde.

Ich würde meinen Mittagsmilchkaffee darauf verwetten, dass die Entscheidung für dieses Bild auf dem Verlagsschreibtisch eines Mannes gefallen ist, meinen Sie nicht auch? Eine Frau mit eigenen Erinnerungen ans Wochenbett wäre kaum so ignorant, denn Mütter wissen meist sehr genau um die Probleme ihrer Artgenossinnen.

Für glückliche Mütter heißt das:

Wir Mütter sollten zusammenhalten, statt uns gegenseitig das Leben schwer zu machen.

Von einer Portion Solidarität profitieren alle Mütter, so unterschiedlich sie sonst auch sein mögen. Solidarisch sein meint, ...

- dass Bauarbeiterinnen uns keine Steine in den Weg legen.
- dass Sportlerinnen mit anderen Müttern an einem Strang ziehen.
- dass Physiotherapeutinnen niemandem in den tragetuchgeplagten Rücken fallen.
- dass die Ehefrauen von Ralf und Michael Schumacher sich nicht gegenseitig in die Karre fahren.

Doch auch wenn Sie Ihre Kinder großziehen, ohne prominent oder sportlich zu sein, können Sie sich gegenseitig unterstützen:

- Stellen Sie keine Sahnetorte auf den Tisch, wenn Ihre Freundin zu Besuch kommt, deren Kind eine Laktoseintoleranz hat.
- Täuschen Sie gelegentlich Taubheit, Gedächtnisschwund und eine mittelschwere Sehschwäche vor, wenn andere Mütter sich in der Öffentlichkeit mit Trotzanfällen ihrer Kleinen abmühen.
- Vermeiden Sie es, mit Verdacht auf Röteln oder Windpocken Eltern zu besuchen, die in zwei Wochen ihre Hochzeitsreise antreten wollen.
- Verschenken Sie ein Lächeln, wenn Sie Frauen treffen, die eine Packung Windeln im Einkaufswagen oder Blumenkohlreste auf der linken Schulter haben.

Wenn alle Mütter – die ja eigentlich die gleichen Interessen haben müssten – aufhörten, sich den Spagat zwischen Familie, Beruf und einer Stunde Mittagsschlaf noch gegenseitig zu erschweren, würde die Atmosphäre auf einen Schlag so familienfreundlich, wie es sonst in schwedischen Möbelhäusern spürbar ist.

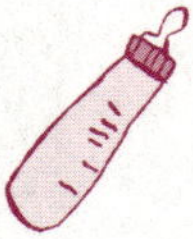

Flüchten Sie vor Frau Fébrèze

Die Fernsehwerbung will uns weismachen, dass die gemeinsame Erfahrung eines schlecht heilenden Dammschnittes und ständig steigender Preise für Kinderschuhe alle Mütter automatisch zu Seelenverwandten macht. Doch in diesem Punkt schwindelt Haribo genauso schamlos wie Kinderschokolade.
Es stimmt einfach nicht, dass unter Müttern automatisch reine Harmonie herrscht. Ehrlich gesagt, gibt es sogar ziemlich anstrengende Exemplare. Wahrscheinlich finden sich in unserer Bevölkerungsgruppe ganz einfach ebenso viele Optimisten, Neidhammel, Allergikerinnen oder Werder-Bremen-Fans wie im Rest der Bevölkerung auch.

Die glücklichen Mütter unter uns haben daraus ihre Konsequenzen gezogen und halten sich vor Augen, dass man sich nicht mit allen diesen Frauen gleich gut verstehen kann und muss.
Wenn ich mich mit Freundinnen unterhalte, ist immer mal wieder die Rede von einer besonderen Gattung, die einem den Alltag mehr vermiesen kann als eine gebrochene Kinderwagenachse. Wir nennen diese Superweiber »Frau Fébrèze«, weil sie uns an die Darstellerin erinnert, die im Fernsehen Werbung für einen Textilreiniger dieses Namens macht.

Kennen Sie Frau Fébrèze?
Sie kann sich über den unangenehmen Geruch der Kinderregenhose aufregen wie andere über einen mittleren Umweltskandal. Die Begriffe »Hygiene« und »Frühkindliche Förderung« sind für sie Zauberworte. Eine Frau Fébrèze verkündet mit stolzgeschwellter Brust: »Unsere Vivian ist ja so eigen. Sie isst von Geburt an nichts anderes als Schokoladenpudding«, um sich im nächsten Moment darüber zu beklagen, dass die Kleine mit Verdauungsproblemen und Neurodermitis geschlagen ist. Frauen dieser Gattung sagen über ihre Söhne gerne: »Jungs sind da anders« und über ihre Töchter: »Is' halt 'ne richtige Zicke.«
Sie reden sehr viel. Sie machen überhaupt von allem viel: Sie putzen viel und fahren ihre Kinder ständig zu irgendwelchen Terminen. Sie haben zehn Puzzles, zwei Turnvereine und sechs Mal in der Woche eine Verabredung mit Spielkameradinnen. Mütter wie Frau Fébrèze haben viel über Kindererziehung gelesen und immer viel zu besorgen. Sie haben viel Hektik und viel zu viel anderes im Kopf, um zu merken, wie es anderen in ihrem Umfeld geht.

Kommt Ihnen die Dame bekannt vor? Dann sollte Ihnen die Überschrift dieses Kapitels mehr sein als ein Zungenbrecher: Flüchten Sie vor Frau Fébrèze!

Vergessen Sie nicht, dass Sie die Wahl haben: Wollen Sie die schönsten, aber auch anstrengendsten Jahre Ihres Lebens mit jammernden, selbstverliebten Hektikerinnen verbringen?
Ihr jetziger Arbeitsplatz hat einige Nachteile, zum Beispiel die Nachtschichten. Der Vorteil ist aber, dass Sie sich aussuchen können, in wessen Gesellschaft Sie auf Spielplätzen, in Wohnzimmern und auf Kindergeburtstagen Ihren 80-Stunden-Job kloppen.

Glückliche Mütter machen sich immer wieder bewusst, dass sie nicht verpflichtet sind, sich mehr als nötig mit Frau Fébrèze zu beschäftigen.
Sie werden sagen: »Aber sie wohnt doch nun mal bei uns im Haus und unsere Kinder besuchen den gleichen Turnverein ...« Sicher, aber deshalb müssen Sie ja nicht in derselben Elterninitiative mitarbeiten, geschweige denn Ihren Sommerurlaub gemeinsam verbringen.
Gönnen Sie sich ein paar nette Mütter, die Sie unterstützen. Halten Sie Ausschau nach Frauen, die wissen, was wirklich zählt im Leben, statt tagelang darüber zu lamentieren, ob die neue Kindermütze für vierzig Euro nun perfekt zum Schneeanzug passt oder nicht.

Leider lässt sich das Kennenlernen wohltuender Frauen nicht erzwingen. Zu großen Teilen ist es einfach Glücksache, wann und ob Sie sich begegnen. Wenn Sie sich allerdings breitschlagen lassen, drei Nachmittage in der Woche bei Frau Fébrèze auf der Couch zu sitzen, damit diese ein Publikum für ihre Selbstdarstellungen hat, bringen Sie sich garantiert um die Chance einer neuen Bekanntschaft.

Reservieren Sie Ihrer Mutter einen Platz

Als Mutter gibt es viele Menschen, mit denen man gerne Kontakt hält: Hannah-Loreens Mutter aus dem Kinderladen, dem Pizza-Service und dem Kinderärztlichen Notdienst. Doch so breit Ihr Bekanntenkreis auch gestreut sein mag, einen Platz sollten Sie immer für Ihre Mutter reservieren. Egal, welche Rolle sie bisher gespielt hat, nach der Geburt Ihres Kindes wird sie in Ihrem Leben präsent sein:

- Sie wartet mit verquollenen Augen vor dem Kreißsaal.
- Sie glaubt (zu Recht), als Babysitter unersetzlich zu sein.
- Sie schleicht sich in Ihre Erinnerungen, wenn Sie heiße Milch mit Honig trinken oder Wiegenlieder Ihrer Kindheit singen.
- Sie blickt Ihnen nach vier Jahren, in denen Sie nie länger als fünf Stunden am Stück geschlafen haben, aus dem Badezimmerspiegel entgegen.

Was mag das für eine Frau sein, die in unserem Leben eine so große Rolle spielt?

Die bessere Hälfte

Sie kocht, wäscht und bügelt für Sie und kommt mit zur Eheberatung. Sie rufen sie jedes Mal an, bevor Sie stillen, um sie zu fragen, welche Seite Ihrer Brust als Nächstes an der Reihe ist. Außerdem haben Sie Ihr Kind nach ihr benannt, obwohl es ein Junge ist. Für Sie ist es unvorstellbar, sich mit dieser Frau zu streiten. Für Ihren Mann nicht.

Die Kontrolleurin
Wenn Sie von ihr besucht werden, dann überschlagen Sie getrost das Kapitel »Das schlechte Gewissen«. Ihre Mutter macht führenden Moraltheologen unseres Landes alle Ehre. Es vergeht kein Tag ohne ihren süßsauren Hinweis, dass es in der Verwandtschaft bisher nicht üblich war, zu rauchen, Nutella im Original zu kaufen oder Weihnachten auf Mallorca zu verbringen.

Die Auswanderin
Wenn Ihre Freundin die Kleinen mittwochs zur Oma bringt, um in die Sauna zu gehen, schauen Sie sehnsüchtig zu. Ihre eigene Mutter ist unerreichbar, denn sie wohnt in Amerika, Salzgitter oder in Zelle 105 der Frauen-Vollzugsanstalt Vechta. Zwar hat Sie diese Frau damals zur Welt und zur Grundschule gebracht, Interesse zeigt sie aber hauptsächlich für ihre künstlerische Selbstverwirklichung in der Toscana oder ihren dritten (23-jährigen!) Ehemann.

Die Talkshow-Kandidatin
Niemals hätten Sie damit gerechnet, in einer dieser schrecklichen Nachmittagstalkshows aufzutreten, aber seit Sie Kinder haben, beherrscht Sie das vom Einwohnermeldeamt ungestillte Verlangen, Ihre leibliche Mutter zu finden. Für das erste Wiedersehen mit einer solchen Mutter werden Sie deshalb von einer blutjungen Praktikantin professionell abgepudert und präsentieren sich vor einer Fernsehkamera.

All diese Frauen kommen bisweilen unangemeldet und verlangen von uns Mut und Charakterstärke, statt sich mit einer Tasse Kaffee zufrieden zu geben. Sie werden vor sich selbst Farbe bekennen müssen: Ist Ihre Mutter Ihnen

Vorbild oder ein Grund, es besser machen zu wollen? Welche Werte und Rituale möchten Sie übernehmen? Wie beurteilen Sie Ihre Kindheit, seit Sie selbst Mutter sind? Und was wird Ihr Kind später einmal über Sie als Mutter denken?

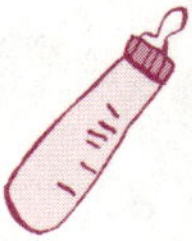

Rechnen Sie nicht auf. Bedanken Sie sich lieber

Meine Freundin Kerstin arbeitete erfolgreich als Wirtschaftsberaterin, bevor sie letztes Jahr schwanger wurde. Die Geburt war alles andere als leicht und das wundert mich nicht. Für jemanden, der so auf Effizienz aus ist wie sie, muss es eine traumatische Erfahrung sein, wenn man unendlich viel Kraft in sechs Stunden Eröffnungswehen investiert hat und einem die Hebamme anschließend mitteilt, dass sich der Muttermund noch immer nicht weiter als zwei Zentimeter geöffnet hat.
So gesehen sind mathematisch minderbegabte Frauen wie ich darauf angelegt, Kinder großzuziehen. Wir sind wie geschaffen für diese Welt, in der man Logik und Berechenbarkeit getrost vergessen kann. Geben und Nehmen halten sich in unserem Alltag fast nie die Waage:

- Ihre beste Freundin leiht Ihnen hochwertige Babyklamotten. Ein halbes Jahr später geben Sie ihr eine Kiste spinatfleckiger und verwaschener Altkleider wieder.
- Ihre Nachbarn machen das Treppenhaus zu einem wohnlichen Ort, indem sie einmal in der Woche fegen. Sie selbst steuern vor allem abgestelltes Sandspielzeug, Reiswaffelreste und die lautstarke Beschallung durch ein übermüdetes Kindergartenkind bei.
- Ihre Single-Freundin lässt nicht davon ab, Sie zuverlässig zu Partys und Cocktailabenden einzuladen. Sie sagen wieder einmal im letzten Moment ab mit der vagen Erklärung, dass Sie zu müde seien.

So dankbar Sie auch für all die Babysitterdienste, Insidertipps und geliehenen Kinderpullover sind, die Ihnen im Alltag zuteil werden – oft fehlt es an Zeit und Kraft, um sich angemessen für einen Gefallen zu revanchieren. Sie halten das für ein Problem, aber die meisten Menschen sind verständnisvoller, als Sie denken. Angesichts der Tatsache, dass Sie im Alltag mit einem Neugeborenen und dessen eifersüchtiger Schwester noch nicht einmal alleine aufs Klo gehen können, werden Ihre Mitmenschen Ihnen zugestehen, dass Sie in diesem Jahr zu Weihnachten Gutscheine statt selbst gebastelter Fotokalender verschenken.

Machen Sie es sich einfach und tun Sie das, was ich schon seit den Mathearbeiten in der achten Klasse tue: Hören Sie auf zu rechnen!

Bedanken Sie sich lieber. Einfach. Herzlich. Prompt. Und gut ist's.

Die Zeiten, in denen wir unsere dankbare Verbundenheit in selbst designten Grußkarten und einem Sechs-Gänge-Menue ausdrücken können, kommen schon noch wieder.

Unausweichlich: Der Haushalt

Geben Sie den Dingen einen Platz

Seit Sie Familie haben, kommen ständig Dinge ins Haus, von deren Existenz Sie früher noch nicht einmal etwas ahnten: PEKiP-Broschüren, Dinkelkissen, Badethermometer und kleine Kassettenrekorder in Teddyformat, die Ihrem quengeligen Baby den Herzschlag der Mutter vorgaukeln sollen.
Doch wohin mit all den Sachen? Und wie finde ich sie bei Bedarf schnell und einfach wieder? Eine suchende Mutter ist selten auch eine glückliche Mutter, es sei denn, es ist gerade Ostern. Geben Sie deshalb den Dingen einen Platz. Jeder Gegenstand in Ihrer Wohnung braucht eine feste Adresse, die zu ihm passt.
Manchmal ist das einfach. Die Schuhe gehören ins Schuhregal, das Duschgel in die Dusche und das Vorratsduschgel in den Vorratsschrank. Wohin aber mit den Schablonen für die Zauberknete? Wo lasse ich die Ersatzdeckel für die Kindertrinkflaschen? Was ist mit den Ansteckteilen für die Milchpumpe?

Werden Sie erfinderisch.
Vieles von dem, was Sie im Alltag benötigen, gibt es bei Tchibo. Den Rest müssen Sie notgedrungen selbst erfinden. Nur weil es noch kein Schnullertäschchen gibt, das man am Gitterbett des Kindes befestigen kann, heißt das nicht, dass Sie keines brauchen. Einige von uns schwören auf unter dem Küchentisch angeschraubte Rollen, andere auf das Geheimfach im Kinderwagenverdeck, auf eine Mappe für die schönsten Kindergartenbilder oder einen Getränkehalter am Autositz.
Polstern Sie aus, schnüren Sie zusammen, stellen Sie sich Dosen und Schachteln in Griffnähe. Erfinden Sie Haken, Mappen und jede Art von Vorkehrung, die Ihnen praktisch erscheint.

Finden Sie einen Platz, der angemessen ist.
Es kann nicht sinnvoll sein, dass die Cocktail-Eis-Maschine aus nostalgischen Partyzeiten sich mitten auf der Küchenarbeitsfläche breit machen darf und Sie sich stattdessen für jedes Milchfläschchen bücken müssen, um an die Sauger zu kommen.

Seien Sie sich nicht zu schade, etwas zu beschriften.
Es sind halt ziemlich viele Sachen, die Sie in einem normalen Drei- bis Zehn-Personen-Haushalt zu verwalten haben. Und es braucht seine Zeit, bis man sich daran gewöhnt hat, dass die untere Schublade im Schlafzimmer jetzt nur für aussortierte Wintersachen reserviert ist. Wenn Sie großzügig Zettelchen mit Namen wie »Aussortierte Wintersachen« und »Wichtige Telefonnummern« verteilen, finden sich auch Ihr Partner und das Kindermädchen zurecht.

Bleiben Sie flexibel.
So stolz Sie auch darauf sein mögen, Ihrem Sohn eine Reisetasche für seine Schmusedecke genäht zu haben – spätestens wenn er die Unterlagen für seine Führerscheinprüfung darin aufbewahrt, wird es Zeit, die Umgebung den Entwicklungen anzupassen.

Bei der Gelegenheit fällt mir auf, dass wir die gelbe Dose auf dem Kinderzimmerregal wieder umbenennen könnten. Seit einem Jahr ist sie für Kleinteile und Spielzeuge reserviert, die ein Kind verschlucken könnte. Unser Krabbelkind ist groß geworden und die Zeiten haben sich geändert. Jetzt ist es auch absehbar, bis wir die Cocktail-Eis-Maschine wieder auf die Küchenarbeitsfläche stellen. Seit wir endlich durchschlafen, liebäugeln wir wieder mit dem Gedanken, ein paar Gäste einzuladen. Da wäre es blöd, erst im hintersten Winkel des Küchenschrankes nach dem passenden Gerät zu suchen, oder?

Entrümpeln Sie das Flurschränkchen

Man kann ja von chinesischer Raumgestaltung wie dem Feng Shui halten, was man will, aber wenn Sie einer jungen Mutter erzählen, in jedem Zimmer sehne man sich nach einem »Min Tang«, einem Platz der sichtbaren Leere, auf dem nichts stehen oder liegen darf, dann wird sie wahrscheinlich aus vollem Herzen zustimmen.

Dennoch ist es Ihnen momentan vielleicht zu aufwändig, mit einem zahnenden Baby im Tragetuch das Gäste-WC in stimulierendem Rot zu streichen oder zu verhindern, dass die positive Energie durchs Küchenfenster entweicht. Dann beschränken Sie sich aufs Wesentliche:

Entrümpeln Sie das Flurschränkchen.

In manchen Wohnungen mag es eine Kommode sein, ein Telefontischchen oder ein Regal – gemeint ist das Möbelstück, auf das Sie beim Betreten der Wohnung als Erstes blicken. Es bildet die wesentliche Kontaktstelle zwischen Ihrem Familienalltag und der Welt »da draußen«.
In der Regel gilt dieses Möbelstück mit all seinen Ablageflächen und Schubladen als natürlicher Lebensraum für unbezahlte Rechnungen, vergessene Fahrradschlüssel, Erinnerungszettel und Pizza-Prospekte, die ihre Preise noch in DM angeben.
Ist das nicht verschwendeter Platz? In einer Wohnung gibt es – wie im Theater – die besseren Plätze und die Stehplätze hinter dem Pfeiler. Möbel im Flur sind kostbarer Stauraum. Was bilden sich alte Batterien und Ersatz-

schnürsenkel eigentlich ein, dass sie in unserer Wohnung die Ehrenloge beanspruchen?

Wenn Sie die Schubladen und Klappen entrümpelt haben, bietet sich dort Platz für all das, was Sie als Chefin Ihres erfolgreichen kleinen Familienunternehmens mehrmals täglich brauchen: Kalender, Schlüssel, Kugelschreiber und Telefonbuch beispielsweise. Auf der Oberfläche sichtbar sollte nur ein Gegenstand stehen oder liegen, den Sie mit etwas Positivem verbinden, also vielleicht eine Figur oder ein paar Blumen.

So sehen Sie bei Ihrer Rückkehr in die Wohnung einen Platz, an dem die Welt in Ordnung ist, auch wenn Sie sie gerade durch einen gesalzenen Strafzettel und einen unerfreulichen Disput mit der Kindergärtnerin bereichert haben.

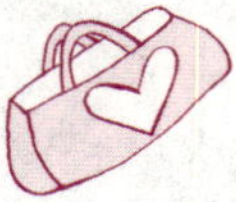

Legen Sie eine Matratze ins Kinderzimmer

Vor ein paar Monaten traf ich Regina im Bus, eine alte Bekannte, die Karriere bei der Deutschen Bank gemacht hat. »Und was hast du so in den letzten Jahren getrieben?«, fragte sie, nachdem wir über Lebensversicherungen und Überstunden gesprochen hatten.
»Ach, weißt du«, sagte ich mit glänzenden Augen. »Ich habe das Gefühl, als sei ich in den letzten Jahren kaum von der großen Matratze heruntergekommen. Eine tolle Zeit ...« Die Aufmerksamkeit der anderen Fahrgäste war mir in diesem Moment sicher. So konnte ich mich nicht zurückhalten, durch den Bus zu rufen: »Wohl denjenigen unter uns, die sich eine Matratze ins Kinderzimmer legen!«
Denn dort verwandelt sich eine ganz normale Matratze auf wundersame Weise:

Nachtwächter-Klause

Magen-Darm-Infekte und das Krokodil unter dem Bett bringen uns auch in Zeiten von Bestsellern wie *Jedes Kind kann schlafen lernen* dazu, öfter als gewünscht einen Teil der Nacht im Kinderzimmer zu verbringen. Eine zusätzliche Matratze erspart Ihnen so manches Paar kalte Füße.

Wellnessoase

Kleine Menschen gewöhnen sich den Mittagsschlaf zum Leidwesen ihrer Eltern meist viel zu schnell ab. Manchmal ist das besonders hart, zum Beispiel wenn sich das nächste Geschwisterkind ankündigt und in der Frühschwangerschaft die bleierne Müdigkeit zuschlägt. In solchen Momenten würde man alles dafür geben, für ein paar Minuten die Augen zu schließen. Auf der Matratze im Kinderzimmer können Sie ein Nickerchen machen, während der Nachwuchs Ihre Locken mit der Hundebürste bearbeitet oder Ihnen mit Filzstiften die Fußnägel lackiert. Der Appell unseres Körpers »Hauptsache schlafen!« kann sehr bedingungslos sein.

Sportplatz

Eine Matratze bietet Turnübungen für Kinder jeden Alters. Die Siebenjährige versucht einen Kopfstand, während der zehn Monate alte Bruder noch etwas unbeholfen die gepolsterte Stufe hinaufrobbt. Sie ist Höhlenbaumaterial, Sprungbrett, Rutsche.

Die »Matratzenkinder« sind diejenigen, die später die Ehrenurkunden vom Sportfest nach Hause tragen, die

das Schlittschuhlaufen ohne Bänderdehnung überstehen und die ihre erste große Liebe beeindrucken, indem sie souverän vom Garagendach springen.

Kommandozentrale
Egal, ob Sie telefonieren, Kaffee trinken oder Streit schlichten – Sie führen das Familienunternehmen von ihrer Matratze aus und sind beim Legobauen und Puzzeln mit Ihren Kindern auf Augenhöhe. Ihre Knie und Bandscheiben werden es Ihnen danken. Der Körper eines Vierjährigen ist nämlich deutlich belastbarer als der seiner Eltern. In den ersten Jahren der Mutterschaft verlagert sich der Lebensmittelpunkt einer Frau auf den Fußboden. Dort, wo man sich so viel aufhält, sollte man es sich gut einrichten. Mit großer Wahrscheinlichkeit verbringen Sie auf diesen zwei Quadratmetern doppelt so viel Zeit wie im Fitnessstudio, für das Sie doch mit eisernen Vorsätzen den Jahresbeitrag bezahlt haben.

Ich habe mich auf der Busfahrt noch sehr gut mit Regina unterhalten. Sie will mich demnächst für ein Wochenende besuchen kommen. Was glauben Sie, worauf sie übernachten wird?

Packen Sie die Tasche am Vorabend

Der Vorsorgetermin beim Kinderarzt ist für 8.15 Uhr angesetzt. Kein Problem! Seit 5.30 Uhr wecken, stillen und wickeln Sie, schlichten Streit und spülen Kinderzahnbürsten aus. Doch endlich stehen und krabbeln Ihre Kleinen startbereit im Wohnungsflur herum. Jetzt nur noch Schlüssel, Kleingeld und das Nötigste in die Wickeltasche werfen und los geht's.

»Das Nötigste« wiegt stolze fünf Kilo und passt so gerade eben in den roten Allwetterrucksack, denn ohne Kekse, Getränke, Pampers, Matschhose, Stilleinlagen, Ersatzschnuller, Mützchen, Handy, Friedas Hustenspray, Mareks Schmusehund und (je nach Tagesprogramm) Unterlagen für den Kinderarzt oder ein Geburtstagsgeschenk gehen wir nicht aus dem Haus!
Für prominente Überlebenskünstler wie Rüdiger Nehberg mag es ein Leichtes sein, zu Fuß und nur mit einer Badehose bekleidet das Land zu durchqueren, aber für Mütter gelten andere Bedingungen. Soviel ich weiß, kann Herr Nehberg ohne Schnuller einschlafen und die mörderischen Durstattacken einer stillenden Frau kennt er höchstens aus Erzählungen am Lagerfeuer des Survivalcamps.

Die Tasche muss also mit. Ob ihr Inhalt vollständig ist, oder ob die Ersatzhandschuhe dann doch auf dem Küchentisch zurückgeblieben sind, das kann schon mal über den Verlauf eines ganzen Tages bestimmen.
Doch egal, wie sehr ich mich morgens bemühe, an alles zu denken, irgendetwas fehlt immer. Das ist sehr verständlich. Kein normaler Mensch kann sich bei der Be-

triebsamkeit eines Ameisenhaufens und beim Lärmpegel einer startenden Boeing 747 konzentrieren.
Allerdings müssen Sie ja auch nicht unbedingt in der morgendlichen Hektik packen. Opfern Sie lieber fünf Minuten der heiligen Zeit, in der die Kinder schlafen, und packen Sie die Tasche am Vorabend. Verstecken Sie sie anschließend im Gefrierschrank oder hängen Sie sie zumindest hoch genug an die Garderobe, dass Ihre neugierige Tochter sie am nächsten Morgen nicht ausräumen kann, während Sie noch in allerletzter Minute die Turnschuhe ihrer Zwillingsschwester suchen.

Wenn die Tasche gepackt ist, dann kann Ihnen für heute nicht mehr viel passieren. Selbst für den Fall, dass Sie Rüdiger Nehberg treffen, sind Sie gerüstet. Sie können seine geschundenen Fußsohlen mit Ihrer Wund- und Heilsalbe verarzten und ihn mit einer Reiswaffel für den letzten Kilometer stärken.

Spielen Sie mit Ihrem Partner das Zehn-Minuten-Spiel

Wenn mein Mann und ich verheiratet wären, wer weiß, ob wir dann nicht schon wieder geschieden wären, wenn wir das Zehn-Minuten-Spiel nicht hätten. Seit wir Kinder haben, basiert die Zufriedenheit unserer Partnerschaft zu großen Teilen darauf. Das Zehn-Minuten-Spiel ist keine Sexualpraktik und kein gesprächstherapeutisches Monopoly.

Es meint schlicht und ergreifend das kurze Aufräumen der Wohnung, nachdem die Kinder im Bett sind. Es geht darum, dass Sie gemeinsam die schlimmsten Spuren eines erfüllten Tages beseitigen und zwar schnell, effektiv und zeitlich begrenzt:

Stellen Sie sich vor, Sie seien in einer alten Folge der *Dalli-Dalli*-Show und Hans Rosenthal verkündete enthusiastisch den Spielauftrag: »Beseitigen Sie die gröbsten Spuren dieses Tages. Welche Dinge stechen Ihnen als Erstes ins Auge?« Wenn Sie also Punkte auf Ihr persönliches Spielkonto sammeln wollen, dann räumen Sie lieber den Küchentisch ab und hängen die verstreuten Kinderjacken an die Garderobe, als dass Sie endlich mal die hinteren Ecken des Vorratsschranks auswischen.

Stellen Sie die Eieruhr auf zehn Minuten und raffen Sie, was Sie können. Quatschen Sie nicht miteinander, essen Sie nicht und gehen Sie nicht aufs Klo. Es wird das letzte Mal an diesem Tag sein, dass Sie sich beeilen müssen, denn was nach dieser Zeit noch nicht erledigt ist, muss ausnahmslos bis morgen warten. Ab jetzt hat Ihr wohlverdienter Feierabend Priorität. Sie werden sich wundern, wie viel gemütlicher Ihre Wohnung nach dieser kurzen

Zeit aussieht. Und keine Alleingänge! Die überschaubare Zeitspanne von zehn Minuten können Sie auch einem zu Recht abgespannten Partner zumuten, den der Gedanke an Hausarbeit nicht besonders begeistert.

Das Zehn-Minuten-Spiel – Children's Edition

Ab einem erstaunlich frühen Alter können Sie auch beginnen, gemeinsam mit Ihren Kindern das Spielzimmer aufzuräumen, damit Sie auf dem Königsweg zu einem Leben als glückliche Mutter nicht über die gelbe Gießkanne oder den Playmobil-Kran stolpern.

In diesem Fall werden zehn Minuten gelegentlich nicht ausreichen. Spielen Sie stattdessen »Stopp-Aufräumen«, um Ihre Kinder zu motivieren: Sobald alle Beteiligten emsig bei der Sache sind, rufen Sie »Stopp« und erstarren gemeinsam zur Salzsäule. Der Ausruf »Weiter« bringt wieder Bewegung in die Sache, und eins der Kinder ist an der Reihe, das Stoppsignal zu geben. Kleiner Tipp: Machen Sie die Vorgabe, dass das nächste »Stopp!« erst gerufen werden darf, wenn das Kind die jeweilige Sache (Puzzle, alle Legos, alle Bücher) vollständig eingeräumt hat.

Wird diese Variante langweilig, machen Sie es sich doch zunutze, dass Kinder ab etwa vier Jahren im Wettbewerbsfieber sind, so dass »Erster sein« schon ein Spiel für sich darstellt. Sie geben vor: »Wer räumt das letzte Teil der Modelleisenbahn auf?« Es klingt banal, aber es klappt, dass sich die Kleinen unendlich beeilen, alle Dinge dieser Sorte aufzuräumen, um Gewinner zu werden.

Wichtig: Vergessen Sie nicht, selbst mitzuspielen und überzeugend zur Schau zu stellen, dass es kaum ein größeres Glück auf dieser Welt geben kann, als den letzten Filzstift zu finden oder den letzten Legostein in die Kiste zu werfen.

Entschärfen Sie das Thema Ernährung

Erstaunlich, dass das Thema »Wie ernähre ich eine Familie?« noch immer nicht in das *Große Lexikon der Weltreligionen* aufgenommen worden ist. Kaum ein Thema bombardiert unsere Lebensweise mit so vielen Ideologien wie der Streit um Cholesterin und Vitamine.
Vermutlich gehören Sie nicht zu den Frauen, denen man erklären muss, wie wichtig gesunde Kost für sie und ihre Familie ist. Aufgeklärte Mütter wissen, dass Gemüse für Dreijährige gut und Cola schlecht ist. Und dennoch werden wir in manchen Stunden nur kraftlos die Fertigpizza in den Ofen schieben, während Frauen wie Senta Berger oder Uschi Glas uns im Mittagsmagazin weismachen wollen: »Gesunde Ernährung kann so einfach sein. Trinken Sie viel Wasser und essen Sie einfach mal zwischendurch einen Apfel.«
Was helfen uns Ratschläge von Frauen, die Zeit genug haben, ihre eigene Pflegeserie zu vermarkten? Rein gar nichts! Denn wir sind müde, gehetzt und süchtig nach Schokoladeneis, weil das endlich eine Form sündiger Ausschweifung ist, für die wir mal kein Kindermädchen organisieren müssen.

Nennen wir die Dinge beim Namen und bekennen, dass eine ausnahmslos vernünftige Ernährung für junge Mütter unmöglich ist, solange ...

- man im Bioladen für zwei Salatgurken ein Vermögen bezahlt,
- neben einem Ehemann, einem Wellensittich und zwei Kleinkindern auch noch ein innerer Schweinehund zur

Familie gehört, der Ihnen abends die Tüte Chips zur Couch trägt,

- angeblich alle anderen Kinder immer bei McDonald's essen und Salzstangen als Hauptmahlzeit mit in den Kindergarten bringen und nur Ihres darf das niiiiiieee!!!!!,
- es mit einem Kind auf der linken Hüfte und lediglich drei Stunden Schlaf auf dem Buckel nun mal einfacher ist, eine Dose Ravioli aufzumachen als Gemüseburger mit Sojasprossen zu braten.

Glückliche Mütter gestalten den Speiseplan deshalb in drei Schritten:

1. Achten Sie auf eine gesunde Ernährung!
Wenn Sie das nicht schaffen, weil Sie der Weg zum Bioladen in der Kreisstadt mit den neugeborenen Drillingen überfordert, dann:

2. Achten Sie, so oft Sie es schaffen, auf eine gesunde Ernährung!
Wenn Sie das nicht fertig bringen, weil Sie sich heute so kaputt fühlen wie die Frischwasserpumpe der Waschmaschine und sich Ihre guten Vorsätze im Gegensatz zu Ihnen schon morgens um neun in die erste Kaffeepause verabschiedet haben, dann:

3. Nehmen Sie das Thema einfach nicht so wichtig!!!!
Glückliche Mütter wollen niemandem von gesundem Essen abraten. Diese Frauen empfehlen Ihnen lediglich: Wenn Ihnen momentan Energie und Willensstärke fehlen, um drei Mal täglich die Folsäureanteile Ihrer Mahlzeiten zu analysieren, dann belasten Sie das zucker- und

weißmehlgeschwächte Immunsystem Ihres Kindes nicht zusätzlich durch Vorwürfe und Selbstzweifel.

Denn Essen ist wichtig (und an manchen Tagen ist es das Sinnlichste, was einer jungen Mutter zwischen Buntwäsche und Telefonrechnungen geboten wird), aber es ist nun mal nicht das einzige wichtige Thema. Liebe, finanzielle Absicherung oder die Planung des Gartenfestes brauchen ebenfalls unsere Aufmerksamkeit im Alltag.

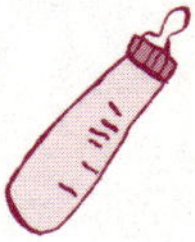

Starten Sie zum Beförderungs-Marathon

Als ich noch keine Kinder hatte, spielte sich mein Leben am Schreibtisch, in der Volleyballhalle der Bielefelder Gesamtschule, in der WG-Küche meiner Freundin und auch mal für ein paar Monate in den Armen ihres süßen Mitbewohners ab. Ich machte mich mehr oder weniger pünktlich auf den Weg, um rechtzeitig an jene Orte zu kommen, an denen dann das »echte Leben« stattfand.

Seit meine Töchter mich in Gedanken und in ihren Kindersitzen ständig begleiten, ist einiges anders geworden. Wege sind jetzt nicht mehr nur die Strecken von A nach B, sondern der eigentliche Lebensinhalt. Einmal liegt es daran, dass es sehr viele Wege geworden sind (zur Arbeit, zum Kindergarten, zum Abenteuerspielplatz, zum Kinderarzt, zur Tagesmutter, zum Einkauf, zur Krabbelgruppe, zum Musikgarten ...).
Außerdem dauern sie viel länger, wenn man zwei Mädchen dabei hat, die über jede Mauer balancieren wollen, sich weinend auf den Boden werfen und alles, alles interessant finden, was sie vom Weitergehen abhält. Meine Freundin Anne sagt:
Zeige mir, wie du deine Kinder zum Schwimmkurs bringst, und ich sage dir, wer du bist.

Ich mag ihr da nicht so ganz zustimmen, denn ich bringe meine Kinder überhaupt nicht zum Schwimmkurs. Bin ich jetzt ein Niemand? Andererseits hat sie natürlich Recht, wenn sie sagt, dass einiges für den unumgänglichen Beförderungs-Marathon einer Mutter erforderlich ist:

Mentales Wettkampftraining

Seien Sie sich bewusst, dass es eine pädagogisch anspruchsvolle Aufgabe ist, »irgendwo hinzumüssen«. Erwarten Sie erst gar nicht, dass Sie ohne Zwischenfälle zum Kinderarzt kommen oder mal eben schnell für einen Liter Milch in den Supermarkt flitzen könnten.

Versuchen Sie lieber, die Welt mit den Augen Ihrer Kinder zu sehen. Sie werden dann verstehen, dass es Ihrem Sohn nahezu unmöglich ist, ohne Zwischenstopp nach Hause zu radeln, wenn man noch ungeübt das Gleichgewicht halten soll, obwohl man soeben einen alten Lutscher im Rinnstein entdeckt und eigentlich nur den bösen Streit mit Leonie im Kopf hat.

Hochwertige Trainingsausrüstung

Legen Sie Wert auf gutes Utensil. Haben Sie praktische Umhängetaschen und nach dem Besuch im Schwimmbad Brote für den ersten Hunger dabei? Oder ärgern Sie sich täglich über den komplizierten Verschluss am Fahrradsitz? Eine kuschelige Wohnzimmercouch mag Ihnen unheimlich wichtig sein, aber an guten Schuhen und einer bequemen Jacke mit vielen Taschen werden Sie noch deutlich mehr Freude haben.

Bleiben Sie immer so flexibel wie möglich, wenn es um die Wahl der Transportmittel geht. Es ist ein wahrer Luxus, sich je nach Wetter und Stimmungslage zwischen Fahrradanhänger, Busticket oder einem langen Spaziergang entscheiden zu können.

Der olympische Gedanke: Dabei sein ist alles!

Versuchen Sie auf keinen Fall, Zeit einzusparen! Das würde nur augenblickliche Trödelattacken zur Folge haben. Rechnen Sie lieber gleich mit der Möglichkeit, dass Sie zu spät kommen (sowohl auf dem Weg *mit* Kind als

auch auf dem Weg *zum* Kind). Sprechen Sie die Erzieherin und Ihren Nachwuchs rechtzeitig auf die Möglichkeit an, dass Sie einmal nicht pünktlich zum Abholtermin da sein könnten.
Gestalten Sie die vielen Stunden, die Sie auf Wegen verbringen, statt sich erfolglos dagegen aufzulehnen. Nutzen Sie die Zeit zum Singen, Spielen, Erzählen oder für einen Wettlauf bis zur nächsten Hauseinfahrt.

Die Siegerehrung

Statt sich darüber zu grämen, dass Sie Ihren Sohn häufiger im Fahrradsitz sehen als im Schlafanzug, sollten Sie lieber stolz auf seinen Erfolg sein. Immerhin erreicht er wie selbstverständlich das, worauf Sie selbst seit Jahren warten: Er wird befördert!

Familie ist ein Knochenjob – Erste Hilfe in schweren Zeiten

Lassen Sie sich helfen

Kennen Sie diese Szenen aus amerikanischen Filmen, in denen die Lady des Hauses ein Buffet von der Größe eines Volleyballfeldes auffährt, und wenn ihr die Gäste zur Begrüßung einen Topfkuchen überreichen, ruft sie in gespieltem Entsetzen: »Ihr solltet euch doch nicht solche Umstände machen ...«

Sich helfen zu lassen hat in unserer Kultur immer den Beigeschmack einer Niederlage. So etwas Unattraktives machen wir erst, wenn wir uns nach zwei Migräneanfällen, einem Auffahrunfall und der zweiten durchwachten Nacht nicht mehr auf den Beinen halten können. Und sobald wir wieder japsen können, schicken wir sämtliche Hilfsmannschaften nach Hause und machen alles alleine wie eh und je.
Es ist verständlich, dass wir anderen nicht zur Last fallen wollen. Untersuchungen haben aber gezeigt, dass wir

Menschen, denen wir einen Gefallen tun konnten, umso lieber mögen. Überraschend, nicht?

Lassen Sie sich also helfen. Andere erfolgreiche Menschen tun's ja auch:
Der Kapitän des *Traumschiffs* dächte nicht im Traum daran, sein Schiff selbst zu polieren. Astronauten kommen ohne ihre Bodenmannschaft nicht einmal in den Anzug, geschweige denn zum Mond und selbst bei *Wer wird Millionär?* darf man sich vom Telefonjoker unter die Arme greifen lassen.

Niederlagen schaffen Sie alleine.
Sieger arbeiten immer im Team.

Allein der Beraterstab des amerikanischen Präsidenten hat die Ausmaße einer mittleren Kleinstadt. (Nun ja, falls es Ihnen dennoch schwer fällt, ihn für einen Sieger zu halten, dann hat das sicher andere Gründe.)
Alle Menschen in wichtigen Positionen lassen sich helfen. Deshalb ist es mehr als gerechtfertigt, wenn wir beim Heranziehen unserer Kinder Tagesmütter, Essensbringdienste, Bügelfrauen, Omas, Nachbarn, Freundinnen, Steuerberater und die gelben Engel vom ADAC in unser Leben einbeziehen.

Lernen Sie, Hilfsangebote zu sehen.
Meist gibt es mehr Nachbarn und Freunde, die uns ihre Hilfe anbieten, als uns bewusst ist. Streichen Sie auch die bezahlten Helfer nicht vorschnell von der Liste der Möglichkeiten: Reinigungen, Hebammen, Erziehungs- und Farbberater, Umzugsdienste, meinetwegen auch Wahrsagerinnen oder Eventmanager für den anspruchsvollen Kindergeburtstag.

Lernen Sie, Hilfsangebote nicht als Floskel zu betrachten.
Wenn die andere Mutter auf dem Spielplatz lediglich hätte nett zu Ihnen sein wollen, dann hätte sie ja auch sagen können: »Dein Kinderwagen sieht klasse aus!«, statt zum dritten Mal zu betonen: »Du kannst die Kleinen vor deinem Friseurtermin auch gerne zu uns bringen.«

> **Für Hilfsangebote und lukrative Erbschaften gilt:**
> **Man muss sie auch annehmen!**

Daher:

Lernen Sie, um Hilfe zu bitten.
Woher soll Ihre Freundin wissen, dass Sie seit letztem Mittwoch nicht mehr geschlafen haben? Wie soll Ihre Nachbarin erahnen, dass Sie ihren Schwingschleifer so gut gebrauchen könnten? Solange Ihre Mitmenschen sich nicht durch die Begleitung einer schwarzen Katze und einer obskuren Glaskugel auszeichnen, sollten Sie deren übersinnliche Kräfte nicht überschätzen.

Machen Sie Fehler

Für Thomas J. Watson vom Wirtschaftsimperium IBM galt die Maxime: »Wer in meiner Firma vorankommen will, muss die Anzahl seiner Fehler verdoppeln.« Schließlich bietet sich nur jemandem, der den Mut hat, zuzupacken und Aufgaben zu übernehmen, überhaupt die Gelegenheit, falsche Entscheidungen zu treffen.
Machen Sie sich Ihre Misserfolge zu Freunden, statt gegen sie anzugehen. Schließlich gibt es gute Gründe, Fehler zu machen:

Ihr Kind lernt, wie man mit Schwierigkeiten umgeht.
Irgendjemand muss Ihrem Kind ja zeigen, dass die Welt von einem Streit, einer zerbeulten Stoßstange oder einer verpatzten Prüfung nicht untergeht. Sie sind ihm ein Beispiel, wie man sich entschuldigt und wieder auf die Beine kommt.

Sie motivieren Ihr Kind, schwierige Dinge auszuprobieren.
Wie klein und ohnmächtig würde Ihr Kind sich fühlen, wenn Sie immer perfekt wären? Wenn Mama eh alles kann wie Supermann, braucht es sich erst gar nicht zu bemühen. Eine große Motivation für Kinder ist es, eine Sache besser zu machen als seine Eltern.

Ihr Partner hat auch mal eine Chance.
Er kann nicht schwanger werden, er kann nicht stillen, und der Kartoffelauflauf gelingt Ihnen auch besser. Er wird umso lieber mit Ihnen zusammenleben, wenn er nicht das Gefühl hat, seinen Feierabend ständig mit der *Supernanny* zu verbringen.

Fehler bergen Überraschungen.
Kolumbus hatte nur den Seeweg nach Indien im Kopf und entdeckte Amerika. Durch angebliche »Fehler« und Irrwege wurden in der Geschichte der Menschheit die größten Entdeckungen und genialsten Erfindungen gemacht. Zerstreut wie Sie sind, haben Sie im Urlaub das Reisebett für den Jüngsten vergessen? Wer weiß, welches Patent Sie in Ihrer Not aus Handtüchern zusammenknoten. Vielleicht verdienen Sie in Zukunft Ihre erste Million damit!

Aus Fehlern lässt sich sehr gut lernen.
Viele wunderschöne Momente mit meinen Kindern habe ich auf der Stelle wieder vergessen. In Erinnerung geblieben ist mir dagegen jener Abend vor vier Jahren, an dem ich den Salat mit rohen Zwiebeln aß, bevor ich meine Tochter vor ihrer Nachtruhe stillte. Die Strafe folgte auf dem Fuße und in der folgenden Nacht war ich mehr mit den Blähungen eines Säuglings als mit Schlafen beschäftigt. Mittlerweile weiß ich vieles über die richtige Ernährung in der Stillzeit, über die Trotzphasen und darüber, wie man Kugelschreiberspuren aus einem Kissenbezug entfernen kann. Fehler sind gute Lehrmeister.

Sie können es eh nicht ändern.
Leider werden uns weder unser guter Wille noch der Vortrag in der Volkshochschule davor bewahren, dass wir in der Erziehung unserer Kinder viele Fehler machen werden. Den von Herzen kommenden Ausruf »Meine Eltern sind schuld!« kann Ihr Nachwuchs in einigen Jahren sicher einmal gut für sein preisgekröntes Comedy-Programm bei RTL gebrauchen oder damit seine schlechten Eigenschaften wie Nägelkauen und Ebay-Fanatismus entschuldigen.

Entscheiden Sie sich

Es wäre ein Leichtes, eine glückliche Mutter zu sein, wenn Sie nur nicht so viele Probleme hätten? Meine Tante Susanne pflegt sich auf ihren teils etwas waghalsigen Indienreisen an einen Ausspruch zu halten, der auch bei Überstunden, einer kaputten Heizungsanlage und der Möhren-Allergie Ihres Kindes helfen kann:

Es gibt keine Probleme, nur Entscheidungen.

Sehen Sie sich doch einmal den Berg Kakaopulver an, der auf der Milch Ihres Kindes schwimmt. Was würde es helfen, den dunklen Haufen anzustarren und sich zu wünschen, er möge sich in Luft auflösen? Sie müssen Bewegung in die Sache bringen! Wenn Sie umrühren, wird das Pulver in Windeseile zu Kakao werden. Denn Probleme sind etwas Statisches. Wenn wir uns entscheiden, bringen wir Bewegung in die Angelegenheit, so dass sich die allermeisten unserer persönlichen »Kakaoklumpen« auflösen.
Daher:

Entscheiden Sie sich sofort.
Warten Sie nicht auf ein Wunder, sondern wählen Sie zwischen den Möglichkeiten, die sich Ihnen in diesem Moment bieten. Heute Abend, in zwei Tagen oder drei Wochen werden Sie mit großer Wahrscheinlichkeit nicht schlauer sein als jetzt. Zeit schinden zu wollen erschwert die Sache nur zusätzlich.

Zu oft warten wir auf eine Ideallösung, die nicht kommen wird.
Stellen Sie sich vor, Sie müssen umziehen. Ihr Bankkonto sagt Ihnen, dass Sie sich eine Wohnung mieten oder ein sehr bescheidenes Haus in einer unbeliebten Wohngegend kaufen könnten. Sofern Sie Ihre Finanzen realistisch geprüft haben, ist es müßig, nächtelang jeden Cent im Kopf umzudrehen und auf ein Wunder zu hoffen, um sich den Palast mit Swimmingpool doch noch leisten zu können. Treffen Sie eine der *möglichen* Entscheidungen und verwenden Sie Ihre Energie lieber darauf, die neue Wohnung schön und Platz sparend einzurichten.

Haben Sie keine Angst vor Fehlentscheidungen.
Glückliche Mütter gehen nicht davon aus, dass jede ihrer Entscheidungen unbedingt die richtige ist. Sie sind sich nur darüber im Klaren, dass eine Entscheidung, die wir nicht treffen, *garantiert* die falsche ist, weil sie uns und andere blockiert und uns um die Erfahrung bringt, ob wir uns richtig entschieden haben.

Sie haben jederzeit die Möglichkeit, Ihre Entscheidungen wieder zu verändern und zu korrigieren.
Wenn Sie Ihr Kind trotz Halsschmerzen in den Kindergarten geschickt haben und Sie eine halbe Stunde später ein Anruf der Erzieherin im Büro erreicht, dass es krank sei, dann können Sie es ja wieder abholen.

Egal, ob Sie Kinderschlafanzüge kaufen oder Ihr Auto in Flammen steht, überlegen Sie ohne zu zögern, welche zwei oder drei nahe liegenden Handlungsmöglichkeiten Ihnen in den Sinn kommen, und entscheiden Sie sich spontan. So ist das Problem aus der Welt und Sie haben Zeit, sich um die weiteren Schritte zu kümmern.

Machen Sie nicht zwei Dinge gleichzeitig

Was mir am Muttersein gefällt, sind die Intensität und das berauschende Tempo, die unseren Alltag kennzeichnen. Kein Wunder, schließlich steht für die nächsten Jahre noch so einiges auf dem Programm, was wir lernen, buchen, heile machen, aufschreiben, einpacken und abwischen müssen. Das Motto eines ganz normalen Tages lautet deshalb:

Machen Sie nicht zwei Dinge gleichzeitig, sondern sieben!

Wir erfüllen diese Empfehlung mit der größten Selbstverständlichkeit. Wir telefonieren mit der Bandansage der Kinderärztin, während wir den Kleinen wickeln, die Fünfjährige beim Basteln beaufsichtigen und mit dem Fuß den stinkenden Müllbeutel in den Flur kicken. Gleichzeitig sorgen wir noch für das Weiterleben der Rentenkasse und tauen den Kühlschrank ab. Und die körpereigene Milchproduktion läuft sowieso weiter. Etwas gleichzeitig zu machen, das können Frauen gut!

Allerdings behandelt dieser Teil des Buches ja die »Erste Hilfe in schweren Zeiten«, und da gelten andere Gesetze. Sobald die innere Alarmglocke schrillt und gerade irgendetwas gewaltig aus dem Ruder zu laufen scheint, dann schalten Sie um auf eine lebenserhaltende Maßnahme:

Konzentrieren Sie sich auf eine einzige Sache!

Warum sollen Sie das tun?
Weil es in diesen Situationen gefährlich sein könnte, alles gleichzeitig machen zu wollen. Sie riskieren, dass die Situation eskaliert, wenn Sie in Krisenzeiten weiter in allen Töpfen gleichzeitig rühren.

Ein Kind, das quengelt, wird gleich möglicherweise brüllen wie am Spieß. Butter, die sich gerade noch sanft in der Pfanne verteilt, kann sich schon im nächsten Moment in ein fettspritzendes Feuerwerk verwandelt haben. In schwierigen Momenten sollten Sie deshalb ...

- die Diskussion mit Ihrem tränenüberströmten Kind erst auf dem Parkplatz zu Ende führen, bevor Sie wieder auf die Autobahn auffahren,
- nicht telefonieren, während Sie mit Migräne und einem voll beladenen Kinderwagen die Hauptstraße überqueren,
- erst dann mit den Vorbereitungen für das aufwändige Käsesoufflé beginnen, wenn Ihre Tochter die Experimente mit dem Tuschkasten beendet hat.

Zelebrieren Sie ein bewährtes Meditationsritual. Dabei ist es eigentlich egal, ob Sie sich auf das Harken eines Zen-Gartens oder das Öffnen einer Dose Mais konzentrieren. Es ist die Geisteshaltung, die zu Entspannung führt, wie zum Beispiel beim

»Traditionellen Tischwischen«

Wischen Sie Ihren Küchentisch ab, wenn Ihnen wieder einmal alles über den Kopf wächst. Ignorieren Sie für eine Minute alle anderen Arbeiten und die streitenden Geschwister im Nebenzimmer. Atmen Sie ruhig ein und aus, so, als säßen Sie vor dem Inhaliergerät Ihres Kindes. Machen Sie langsame Bewegungen und denken Sie an nichts anderes als an die kreisenden Bewegungen des Kunststoffschwamms auf der Tischplatte. Schon Generationen von Müttern haben so mit einer Flasche Allzweckreiniger wieder zu ihrem inneren Seelenfrieden zurückgefunden.

Tun Sie für fünf Minuten gar nichts

Wenn ich meine Freundin Anne kurz nach der Tagesschau anrufe und sie frage: »Na, was hast du denn heute so gemacht?«, dann antwortet sie mir meistens halbschlafend: »Ach, eigentlich gar nichts ...« Da ich sie aber schon seit zwanzig Jahren kenne, weiß ich, dass dieses »Gar nichts« mindestens aus zwei Ladungen Buntwäsche, dem Abschleifen der Küchenstühle und drei Vorlesebüchern bestand. Und wenn das Statistische Bundesamt meine Kollegin Carola am Telefon interviewt, wo sie denn in den zwei Jahren seit der Geburt ihrer Tochter angestellt gewesen sei, dann antwortet sie trotzig: »Ich mach zur Zeit gar nichts.«

Können Sie das überhaupt noch, gar nichts machen?

Oder ist es vielmehr so, dass Sie sich an eine gleichmäßige Dauerbetriebsamkeit aus Aufräumen, Listen schreiben, Trinkflaschen befüllen, Warum-Fragen beantworten und dem Anstellen der Vierzig-Grad-Wäsche gewöhnt haben? Spätestens, wenn Sie es nicht übers Herz bringen, einen ganzen *Tatort* zu gucken, ohne nebenbei ein ganz, ganz kleines bisschen Wäsche zu falten, wird es höchste Zeit, den mütterlichen Motor zu stoppen.

Glückliche Mütter tun ab und zu für fünf Minuten gar nichts.

Ich bezweifle, dass so etwas möglich ist, solange Ihre Kinder wach und in Ihrer Nähe sind. Wenn Sie aber das

seltene Glück haben, beispielsweise für eine halbe Stunde alleine in einem Café zu sitzen, dann nutzen Sie die Gelegenheit, um einfach dazusitzen und in die Gegend zu gucken.

Was soll das heißen, »gar nichts tun«?

- Nichts lesen.
- Keine SMS schreiben.
- Keine alten Abholscheine aus der Jackentasche sortieren.
- Keinen zweiten Cappuccino bestellen.
- Keine Zuckertütchen durchforsten.

- Sich nicht schnell mal eben eine Erinnerungsnotiz schreiben, weil der Wagen zum TÜV muss.

Gar nichts tun, nur weil man gerade nichts zu tun hat? Das ist unter Müttern nicht üblich. Und dennoch sollten Sie es sich gönnen, einfach mal ganz und gar unnütz zu sein. Sonst könnte es passieren, dass Sie im Alltag trotz aller Warnsignale einfach weiterrotieren, weil Sie vergessen haben, wo die Notbremse ist.

Schwimmen verlernt man nicht. Nichtstun muss man regelmäßig üben.

Es sind genau diese fünf Minuten, die wir immer schneller, besser und effektiver sind als der Rest der Welt. Nehmen Sie für einen kurzen Moment bewusst wahr, dass sich die Welt auch ohne Sie weiterdreht und dass es nett sein kann, nur zu ihren Statisten zu gehören.

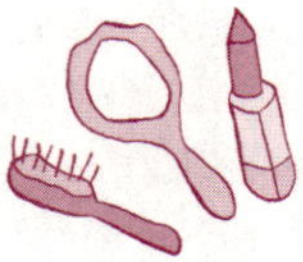

Machen Sie einen Spaziergang für Erwachsene

Meine Freundin Anne geht mindestens einmal in der Woche zum Volleyballtraining. Offensichtlich hat der Beckenboden ihr die Geburt der zwei Söhne nicht besonders übel genommen, so dass sie sich das heftige Herumgehopse leisten kann.

Mütter wie Anne, die ein Fitnessstudio nicht (wie ich) nur wegen der kuscheligen Sauna und der leckeren Heidelbeermolke aufsuchen, schwärmen stets in den höchsten Tönen: »Es tut total gut, sich mal abzureagieren!« Das klingt so überzeugend, dass ich mir wünschte, Anne würde einen Ratgeber schreiben mit dem Titel »So überwinde ich mich, zum Sport zu gehen«. Solange meine beste Freundin ihre kinderfreie Zeit aber lieber in der Mehrzweckhalle statt am Schreibtisch verbringt, kenne ich nur eine Trainingsmethode gegen körperlichen und psychischen Stress: Gehen Sie spazieren.

Vielleicht stöhnen Sie gelangweilt: »Schon wieder spazieren gehen? Ich mache doch kaum noch etwas anderes den ganzen Tag!« Ich meine nicht das zähe Ringen um jeden Meter Plattenweg, von dem im Kapitel »Starten Sie zum Beförderungs-Marathon« die Rede ist. Vielmehr geht es um einen Spaziergang, wie Erwachsene ihn machen, wenn sie sich abreagieren müssen.
Sofern Ihnen auch das zu langweilig ist, können Sie stattdessen in Stresszeiten zu Hause das Geschirr an die Wand schmeißen. (Was zweifelsohne weniger alltäglich ist. Besonders für Ihre Nachbarn.)

Warum kann etwas, das sich so unspektakulär anhört, Ihnen so gut tun?

- Sie dürfen den Mund halten, statt pausenlos Rede und Antwort zu stehen, wie weit es noch ist, ob Sie ein Eis kaufen und woher der weiße Strich am Himmel kommt.
- Sie müssen nichts schieben und nichts tragen, was sandig ist oder mehr als zwei Kilo wiegt.
- Sie können die Route selbst bestimmen. Sie müssen weder gefährliche Hauptstraßen noch Eisdielen vorausschauend meiden und dürfen sogar in Biergärten und Dönerbuden einkehren, alte Bekannte treffen, sich festquatschen, spontan zum Bon-Jovi-Konzert mitkommen, die Nacht durchmachen ... – Oh, ich befürchte, ich schweife ab!
- Sie werden Ihre negative Energie los und stellen beim Anblick ein paar grölender Schalke-Fans beruhigt fest, dass es die normale Welt jenseits der Fingerfarben und Milchzahn-Prophylaxe auch noch gibt.
- Sie werden daran erinnert, wie einfach sich Bürgersteigkanten und große Straßenkreuzungen meistern lassen, wenn man ausnahmsweise mal keine Kinder im Buggy-Alter dabei hat.

Denken Sie daran: Sie sind Ihr bestes Pferd im Stall. Für ein solch kostbares Tier ist das so genannte »Trockenreiten« wichtig, wenn es hart gearbeitet oder stark geschwitzt hat. Dabei geht es weniger um die sportliche Leistung als vielmehr um eine abschließende, langsame Schrittphase, damit das Pferd nicht zu sehr auskühlt und krank wird. Lassen auch Sie den Tag in Ruhe ausklingen. Es sei denn, Sie treffen vor dem Biergarten auf ein paar alte Bekannte ...

Erledigen Sie die Trauerarbeit

In jeder von uns steckt eine glückliche Mutter. Allerdings darf man Glück nicht mit ständiger guter Laune verwechseln. Wer hinter dem Titel dieses Buches die perfekt gestylte Frau mit Dauerlächeln und der sanften Stimme vermutet, die mühelos mit Karriere, Kindern und Frauenabenden jongliert, dem mag das Wort Trauer befremdlich erscheinen. Solche Frauen suchen Sie lieber im Barbiepuppen-Prospekt. Das echte Leben traut Ihnen mehr zu als Friede, Freude, Eierkuchen!

Dennoch herrscht in Deutschland eine hohe Trauerarbeitslosigkeit. In unserer Gesellschaft gilt es als Tabu, traurig zu sein. Besteht da ein Zusammenhang zur Tatsache, dass wir so selten Menschen treffen, die offen von sich behaupten, ein rundum glückliches Leben zu führen?

Auch wenn unser Leben in erfolgreichen Bahnen verläuft, gibt es für jede Momente, in denen das Unterbewusste trauern möchte. Meist sind es keine großen Katastrophen, sondern persönliche Erlebnisse des Alltags, die unsere Aufmerksamkeit wollen:

- Sie stillen Ihr Kind ab.
- Ihre Figur hat sich durch die Schwangerschaft verändert.
- Ihr Freundes- und Bekanntenkreis wandelt sich.
- Ihr Kind ist anders, als Sie es sich vorgestellt haben.
- Ihr Erziehungsstil weicht von Ihren früheren Idealen ab.
- Ihr Kind kommt in den Kindergarten.
- Sie verkaufen die Babysachen.

• Ihr glückliches Kind erinnert Sie an traurige Abschnitte Ihrer eigenen Kindheit.

Als glückliche Mutter sollten Sie die Trauerarbeit nicht auf die lange Bank schieben. Mit negativen Gefühlen ist es wie mit der Wartung einer Gastherme. Den giftigen Ablagerungen muss man sich pünktlich stellen, damit das Gerät gleichmäßig und leise rauschend die Wohnung mit Wärme erfüllt. Wer hingegen die Wartungskosten scheut, der hat in seiner Wohnung bald ungemütliche Untertemperaturen und läuft Gefahr, dass ihm das Gerät um die Ohren fliegt.
Nur wer trauern kann, der kann auch glücklich sein. Wer den Mut hat, traurig zu sein, der braucht keine Betäubung und keinen extradicken Schutzschild gegenüber anderen Menschen. Machen Sie Ihre Kinder stark, indem Sie Ihnen vorleben, dass Trauer zum Leben gehört.

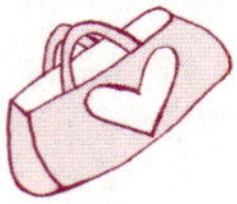

Machen Sie einen Umweg

Seit ich wieder unter Leute komme (mehr darüber erzähle ich Ihnen noch im Kapitel »Verabreden Sie sich mit Ihrem Mann«), bestimmen Jens und ich abwechselnd das Programm. Ihn zieht es in die Wald-Sauna oder in kultige Szenekneipen. Ich dagegen entscheide mich immer für das chinesische Restaurant an der Ecke. Mir gefällt es, auch wenn mein Mann mir fälschlicherweise unterstellt, ich ginge nur deshalb hin, weil es dort Erziehungstipps in Form eines Glückskekses zum Nachtisch gäbe. Wir gehen immer zum »Lotus Garten«, immer nehme ich die Nr. 37 und ein großes Bier, und jedes Mal kommen wir eine halbe Stunde später als auf dem Reservierungsschildchen angegeben.
Zu-spät-Kommen gehört mittlerweile genauso selbstverständlich zu mir wie Nackenverspannungen oder die fleckige Allzweckjacke. Anscheinend entwickeln Kinder genau jene Fähigkeiten besonders schnell, die nötig sind, um die Pläne ihrer Mutter möglichst wirkungsvoll zu verzögern.

Egal, wie großzügig man die Vorbereitungszeit bemisst, am Ende wird's immer eng!

Babys spucken an der Haustür noch einmal die Milch aus, Kindergartenkinder brechen in Tränen aus, weil die Lieblingshandschuhe nicht auffindbar sind und der Zweijährige hat wie nebenbei den Kühlschrank ausgeräumt, während man das Neugeborene in seine Jacke gesteckt hat. Meine Kinder kommen mir manchmal vor wie diese kleinen Bremsfallschirme, die Düsenjets dabei helfen, nicht zu schnell in die Landebahn einzufliegen ...

Nur ein einziges Mal waren Jens und ich rechtzeitig beim Chinesen. Ausgerechnet dieses Mal stand auf dem Zettelchen im Glückskeks:

»Wenn du denkst, du kommst zu spät, dann mache einen Umweg.«

Statt ihn höhnisch an die Taxifahrer-Innung oder die Hersteller der aktuellen Navigationssysteme zu schicken, haben die glücklichen Mütter und ich den Spruch einem Praxistest unterzogen. Selbst wenn die Uhr unerbittlich tickte, haben wir Umwege in Kauf genommen:

- Wir haben unser Kind im letzten Moment noch den Teddy aus dem Zimmer holen lassen und in Seelenruhe seinen Versuchen zugeschaut, sich die Klettverschlüsse selbst zuzumachen.
- Wir sind jederzeit für einen Plausch mit Bekannten stehen geblieben oder haben Autofahrern den Weg in die Don-Camillo-Straße erklärt.
- Wir haben einer Freundin etwas aus der Apotheke besorgt und abends bei ihr vorbeigebracht, obwohl daheim die Urlaubsvorbereitungen für den nächsten Tag warteten.
- Wir haben in aller Seelenruhe den Weg durch das Wäldchen genommen, obwohl er ein paar hundert Meter länger ist.

Das Ergebnis hat uns überzeugt. Dieser kleine Umweg rückt die Dinge wieder ins rechte Lot. Unser Kopf will uns in stressigen Zeiten nämlich signalisieren: »Die Welt wird einstürzen, wenn wir nicht ganz pünktlich zum Kindergarten kommen. Deshalb ist es lebensnotwendig, dass wir beim Überqueren der Straße zwanzig Sekun-

den Vorsprung herausschlagen, und ein freundliches Lächeln für die Nachbarin können wir uns heute beim besten Willen nicht leisten.«
Der kleine Umweg hingegen bietet dem gehetzten Verstand Paroli: »Mein lieber Kopf, du übertreibst gehörig. Das Schlimmste, was passieren kann, ist ein mahnender Blick der Erzieherin, weil wir wieder einmal zu spät zum Kindergarten kommen. Letztendlich spart es Zeit, wenn wir es gemächlich angehen lassen, denn der Plausch mit der Nachbarin kostet uns zwei Minuten. Dein Wunschtempo hingegen führt uns auf direktem Weg in die Notaufnahme des nächsten Krankenhauses.«
Und auch so ließe sich der Satz übersetzen: »Wenn du denkst, der Tag bräuchte 27 Stunden, damit du alles schaffen kannst, dann mache einen Umweg in Form einer halben Stunde Pause am Küchentisch. Mache eine Liste und überlege in Ruhe. Den Zeitverlust von dreißig Minuten wirst du schnell wieder raushaben, und alles, was notwendig ist, wirst du schaffen.«

»Warum schreiben die das nicht gleich?«, will Jens wissen. Weil es vermutlich nicht auf die zwei Quadratzentimeter des Zettelchens im Glückskeks passen würde.

Machen Sie sich zu einer Mutter von vielen

H&M druckt den Schlachtruf »I'm an individual« auf seine Plakate, und Ihr Mann findet Sie so einzigartig, dass er Sie trotz Ihrer Vorliebe für bunt bedruckte Baumwollschlafanzüge geheiratet hat. An manchen Tagen ist es schön, etwas Besonderes zu sein.
An anderen hingegen sind wohlgemeinte Kapitel wie »Werden Sie ein Unikum« die reine Überforderung, denn dann wollen wir nichts anderes, als uns in der breiten Masse treiben lassen und von anderen Frauen hören: »Ich weiß, wie du dich fühlst. Genauso ging's mir auch.« Falls alle anderen Frauen in Ihrer Umgebung das Thema »Kinder« allerdings nur aus *Kevin allein zu Haus* kennen oder nicht zum Plaudern aufgelegt sind, weil sie gerade in den Wehen liegen, dann können Sie in schwierigen Momenten immer noch auf die »Weltgemeinschaft der Mütter« zurückgreifen. Halten Sie sich vor Augen, dass es unzähligen Müttern weltweit in dieser Sekunde genauso ergeht wie Ihnen:

- Sie wandeln just in diesem Moment um 3:17 Uhr mit kalten Füßen und einem sirenenartig brüllenden Baby durch die nächtliche Wohnung.
- Sie antworten zum siebzehnten Mal auf die Frage »Warum ...?«.
- Sie hängen seit drei Stunden über der Kloschüssel, begleitet von den Kommentaren ihrer Schwägerin: »Dann wird's bestimmt ein Mädchen!«
- Sie können vor Besorgnis keinen klaren Gedanken fassen, weil Ihr Eskimosohn heute zum ersten Mal alleine auf Fischfang geht.

- Sie versuchen in den Kindergärten von Mannheim und Tokio ein müdes Kind dazu zu bewegen, aus der Puppenecke zu kommen und sich die Jacke anzuziehen.

Entsorgen Sie den Gedanken, dass Sie es in der Hand hätten, ob dieses kleine Wesen jetzt einschläft oder nicht. Scheinbar folgen Stillprobleme, Erkältungskrankheiten und der unumgängliche Moment, an dem sich unsere Tochter eine Barbie-Puppe wünscht, einer höheren Ordnung.
Wenn so viele Frauen gleich empfinden und die gleichen Erfahrungen machen, dann spricht allerdings auch einiges dafür, dass uns die Natur mit den notwendigen Fähigkeiten ausgestattet hat, um diese Situationen zu meistern.

Suchen Sie sich Götter in Weiß

Was macht einen guten Arzt aus? Er ist freundlich und hört Ihnen zu. Er unterstützt Sie, statt Sie durch Kritik zu entmutigen. Er ist ein Spezialist auf seinem Gebiet. Er behandelt Sie nicht nur, sondern macht Sie auch gesünder. Das klingt selbstverständlich, doch die Realität sieht oft anders aus.

Noch immer teilt sich die Menschheit in diejenigen, die sich von ihrem Arzt schlecht behandeln lassen, und in diejenigen, die sich einen Gesundheitsberater suchen, der seinen Namen verdient. Die Möglichkeit der freien Arztwahl scheint sich noch immer nicht überall herumgesprochen zu haben.

Ärzte gehören zu den Menschen in unserem Leben, auf die wir in schwierigen Momenten angewiesen sind. Glückliche Mütter sind deshalb anspruchsvoll. Sie begnügen sich nicht mit einem berufsmüden Fachidioten, wenn es Menschen gibt, die den Titel »Götter in Weiß« verdienen. Denn es gibt tatsächlich Ärzte, die Ihnen und Ihren Kindern helfen können.

Meine persönlichen Favoriten bevorzugen überwiegend Naturheilverfahren. Sie achten darauf, dass sie nach der Behandlung nicht gleich an den Nebenwirkungen weiterdoktern müssen. Ich singe unserer Kinderärztin ein Loblied, weil sie die nächtlichen Hustenanfälle meiner Tochter und die hysterischen Anrufe ihrer Mutter lediglich durch beruhigende Worte behandelt, obwohl sie an einem Antibiotikum viel mehr verdienen würde. Ich huldige meiner Frauenärztin, weil sie mich so lange mit ihren Fragen löchert, bis sie aus 1001 völlig gleich aus-

sehenden Kügelchen genau die herausfindet, die gegen Hormonschwankungen oder Stillprobleme helfen.
Ihre Götter sind Ihnen vielleicht aus anderen Gründen heilig. Schätzen Sie die Gründlichkeit Ihres Arztes? Seine mitmenschliche Art oder die modernen Untersuchungsmethoden?
Die himmlischen Exemplare unter den Medizinern können Wunder vollbringen, die mit bloßem Verstand nicht zu erklären sind. Ihr Können geht weit über das Fachwissen ihres Studiums hinaus. Noch nie habe ich in der Geschichte der Menschheit von Göttern gehört, die lediglich ihren Rezeptblock zücken und auf ihren Terminkalender schielen, wenn die geplagten Kreaturen mit existentiellen Sorgen zu ihnen kommen.

Allerdings weiß man auch, dass man Gottheiten nicht unnötig mit Kleinigkeiten behelligen sollte. Manchen treiben die üblichen Beschwernisse des Alltags zum Arzt, weil es bequemer ist als seine Gesundheit selbst in die Hand zu nehmen. Hilf dir selbst, dann hilft dir der Gott in Weiß.

Leider stehen jene wunderbaren Menschen nicht unter »G« in den gelben Seiten. Sie müssen sich umhören und ausprobieren, um jemanden zu finden, der Ihren Ansprüchen genügt.
Gönnen Sie sich das Gefühl, eine wirkliche Hilfe an Ihrer Seite zu haben, wenn es um das wichtige Thema Gesundheit geht.

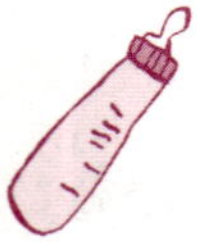

Halbwegs glückliche Kinder

Halbwegs ist mehr als genug

Wenn Sie heute Abend den Fernseher anschalten, sehen Sie mit großer Wahrscheinlichkeit Mutter Beimer oder Hannelore Elsner, die zu ihren Kindern sagt: »Ich will doch nur, dass es dir gut geht, Kind.« Sie schmunzeln, ungerührt ob der Tragik, die sich hinter diesem Standardsatz der deutschen Fernsehrhetorik verbirgt.

Ein Buch über das Glück der Mütter ist immer auch ein Buch über das Glück ihrer Kinder. Denn wir sind Schlafmangel und Säbelzahntigern gegenüber sehr tapfer, aber wenn wir beobachten, dass unser Kind auf dem Spielplatz gehänselt wird, zerreißt es uns fast das Herz. Deshalb streichen wir das Spielzimmer in freundlichem Gelb, lassen uns im Kindergarten zur Elternvertreterin wählen und verzichten auf die Karriere als Miss Wolfsburg.

Wir wollen doch nur, dass sie glücklich sind!

Allerdings vergessen wir oft, dass es für uns keinen einklagbaren Rechtsanspruch auf die unbeschwerten Knirpse aus der Haribowerbung gibt. Und deshalb sind die

Kleinen immer wieder mal in Tränen aufgelöst, kommen nicht mit den anderen Kindern klar, sind unbeliebt, haben Pech und jammern unzufrieden trotz des zweiwöchigen Abenteuerurlaubs mit Papa.

Wer seine Mitmenschen fragt: »Wie geht es dir?«, der bekommt als ehrliche Antwort oft zu hören: »Geht so«, »Eigentlich ganz gut«, »Na ja ...« Was für die große Masse der Bevölkerung ganz normal ist, das gilt auch für das Glück unserer Kinder: Halbwegs ist mehr als genug.

Was würde passieren, wenn Sie besonders viel Ehrgeiz darauf verwendeten, dass Ihr Kind glücklich wird?

- Sie setzen es unter Leistungsdruck. Es ist schön, dass Sie Ihren Kindern so viel zutrauen. Aber die Aufgabe, den Weg zu innerem Glück und Zufriedenheit zu finden, hat schon ehrwürdige Philosophen und Denker überfordert. Vielleicht lassen Sie Ihr Kind erst mal noch drei Jahre mit Lego spielen, bevor Sie Erwartungen an es herantragen, für die Gandhi den Friedensnobelpreis verdient hätte.
- Sie sagen, Sie würden alles dafür tun, damit es Ihrem Kind gut geht. Meine alten Lehrer würden mir auf der Stelle mein mathematisches Unvermögen bestätigen, aber so viel habe ich begriffen: *Alles* = 100 Prozent. Da bleibt logischerweise nichts mehr für Sie selbst übrig. Ihr Engagement in allen Ehren, aber das könnte gefährlich werden. Auch die grenzenlos scheinenden Energiereserven eines Atomkraftwerkes gibt es nicht ohne Risiko.
- Sie zeigen Ihrem Kind, wie man sich die Schuhe zubindet und wie ein Müllauto funktioniert. Wenn Sie also wollen, dass Ihr Kind glücklich ist, dann müssen Sie

es ihm beibringen und als lehrreiches Beispiel vorangehen. Womit wir dann schon am springenden Punkt wären. Sorgen Sie denn ausreichend für Ihre Beziehungen, Ihre Gesundheit und das eigene Wohlbefinden?

- Mütter, die versuchen, das eigene Kind mit Kreativkursen und Weihnachtsmarktbesuchen allzeit bei Laune zu halten, signalisieren ihrem Kind: »Unglück muss um jeden Preis vermieden werden!« Da wir den Schattenseiten des Lebens aber sowieso nie ganz entkommen, zeigen Sie lieber: »Du kannst auch schlechte Zeiten aushalten und wirst merken: Meistens ist es halb so schlimm.«

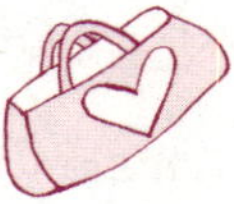

Akzeptieren Sie das schlechte Gewissen

Tiefausläufer, Frauenfreundschaften und Milchzähne kommen und gehen – das schlechte Gewissen einer Mutter bleibt.

Wie es scheint, sind nur Mütter in der Lage, jede beliebige Alltagssituation ins Vokabular der Selbstanklagen zu übersetzen:

»Mein Kind ist nicht im Turnverein.«

Mein Kind wird motorisch nicht gefördert.

»Mein Kind ist jetzt im Turnverein.«

Mein Kind kann seine Kindheit nicht frei genießen, weil seine ehrgeizige Mutter es mit Terminen überfrachtet.

»Henri darf sich ein Eis kaufen.«

Mein Kind wird ungesund ernährt.

»Henri darf sich kein Eis kaufen.«

Ich grenze mein Kind gegenüber seinen Freunden aus. Es hat unter seiner engstirnigen Mutter zu leiden.

»Ich gehe mit meinem Mann ins Kino.«

Ich vernachlässige meine Kinder.

»Ich gehe mit meiner Freundin ins Kino.«

Ich vernachlässige meinen Mann.

»Ich gehe nicht ins Kino.«

Ich müsste endlich mal wieder etwas für mich tun.

Manchmal scheint es meinem Mann leichter, Chinesisch zu lernen, als die Grübeleien und Selbstvorwürfe seiner Frau nachzuvollziehen. Müttern ist ein schlechtes Gewissen offensichtlich angeboren. Männer haben diese genetische Ausprägung für Selbstanklagen nicht.
Akzeptieren Sie Ihr schlechtes Gewissen als das, was es ist:
Ein von der Natur angelegtes Phänomen. Sobald die Sache überhand nimmt, ist es gut, dagegen anzugehen, sich aber ganz davon befreien zu wollen, ist schlichtweg unrealistisch.

Mutter Natur weiß sicherlich, was sie tut, denn die mütterlichen Selbstzweifel helfen Ihnen, ...

- genügend Energie zu entwickeln, um sich auch in der Hochphase Ihrer Magen-Darm-Grippe ins Kulturzentrum zu schleppen, damit Ihre Tochter einen Platz in der musikalischen Früherziehung ergattert.
- Kontakte zu anderen Müttern zu knüpfen. Das tränenreiche Geständnis »Sicher liegt es an mir, dass mein Sohn auf Spinat allergisch reagiert« lässt sogar Verona Feldbusch so menschlich erscheinen, dass wir ihr die Adresse unseres Homöopathen verraten.
- einen ganzen Industriezweig zu unterstützen. Kaufen Sie Süßigkeiten, wollene Unterwäsche und pädagogisch wertvolle Lernspiele. Ihr schlechtes Gewissen sichert Hunderte von Arbeitsplätzen.

Beachten Sie den Rhythmus Ihres Kindes

Es gibt Frauen unter uns, die können ...

- mit Kleinkindern einen sizilianischen Wanderurlaub machen,
- die Eingewöhnung bei der Tagesmutter auf jene Woche legen, in der sie in der Agentur eine Präsentation vorzubereiten haben, die über ihre weitere Karriere entscheiden wird,
- sich beim Stillen minutiös an den Zeitplan halten, den ihnen das Beiblatt der Firma für Babynahrung empfiehlt,
- in Begleitung einjähriger Zwillinge ohne Zwischenstopp an den Gardasee brettern, um sich im frisch renovierten Vier-Sterne-Hotel verwöhnen zu lassen.

Sie sehen, ich traue uns Müttern eine Menge zu. Es gibt kaum etwas außer einem vorzeitigen Samenerguss, das weibliche Allroundtalente nicht hinkriegen. Es wäre allerdings möglich, dass wir unsere Rolle als glückliche Mutter bei diesem Tempo zeitweise auf Eis legen müssen.

Kinder haben ihren eigenen Rhythmus. Es ist kein böser Wille, dass der sechs Wochen alte Linus die Nächte zum Tag macht. Jule braucht morgens eine Ewigkeit, bis sie den Mund auf- und die Jeanshose zugemacht hat. Paul kann nach drei Tagen Regenwetter nicht ruhig an Omas Kaffeetafel sitzen. Gegen die Natur der kleinen Menschen ankämpfen zu wollen kostet Kraft. Wenn Sie sich den Alltag erleichtern wollen, dann beachten Sie einige Grundsätze:

• **Kinder haben Hunger und Durst.**
Halten Sie in jeder Lebenslage ein Getränk und einen kleinen Snack bereit. Stillen Sie Ihr Kind noch einmal, bevor Sie sich auf die dreistündige Autofahrt machen. Versuchen Sie nie, Ihrem Kind eine halbe Stunde vor dem Mittagessen etwas Kompliziertes beibringen zu wollen.

• **Kinder wollen sich bewegen und laut sein.**
Stellen Sie sich gut mit Ihren Nachbarn. Besuchen Sie die kinderlose Schulfreundin in der dekorativen Penthousewohnung nicht in Begleitung Ihres Nachwuchses. Verstauen Sie die kostbare Jugendstillampe auf dem Speicher. Gehen Sie mit Ihren Kindern in den Wald statt ins Kino und investieren Sie das gesparte Geld in Schaumstoffmatten aus dem schwedischen Möbelhaus.

• **Kinder brauchen Kinder.**
Sofern Ihre Kinderliebe oder Ihre verrutschte Spirale nicht für Nachwuchs sorgen, verbringen Sie ausreichend Zeit auf Spielplätzen, bei befreundeten Müttern und in Krabbelgruppen. Die passenden Spielgefährten erleichtern glücklichen Müttern den Alltag mehr als Gummibärchen, Kinderfernsehen und der eigene Rockzipfel. Machen Sie deshalb nur dort Urlaub, wo man Tripp Trapp nicht für ein belgisches Gesellschaftsspiel hält. Das erhöht die Chancen, dass Sie in der schönsten Zeit des Jahres auch selbst auf Ihre Kosten kommen.

• **Kinder brauchen Schlaf.**
Auch wenn die nostalgische Pippi-Langstrumpf-Verfilmung erst um 20:30 Uhr gesendet wird. Auch wenn Sie Ihre Freundin so lange nicht gesehen haben und

Ihre Kinder im Nebenraum friedlich die *Late-Night-Show* gucken. Selbst wenn Ihre Kinder mit der Ausdauer eines Marathonläufers behaupten: »Ich bin noch gar nicht müde.« – Kinder brauchen Schlaf und zwar möglichst regelmäßig. Ansonsten wird es auf Dauer sehr schwer, den Status der glücklichen Mutter zu halten.

Lernen Sie Ihre Kinder kennen

Sofern Sie das Sorgerecht für Ihre Sprösslinge nicht direkt nach der Geburt vor acht Jahren dem Vater in Australien überlassen haben, mag Ihnen diese Überschrift komisch vorkommen. Schließlich kennen Sie Ihre Kinder besser als sonst jemand. Kaum jemand außer Ihnen weiß von dem kleinen Leberfleck im Bauchnabel Ihres Sohnes und kann mit schlafwandlerischer Sicherheit seine fünf Lieblingsgerichte aufzählen.

Auch ich bin felsenfest überzeugt davon, alles über meine Kinder zu wissen: Die Große beispielsweise ist der

schüchterne, zurückhaltende Typ. Sie bastelt gerne, trinkt zu wenig, braucht zwei Stunden Mittagsschlaf und kann sich den Reißverschluss der Winterjacke noch nicht alleine zumachen. Aber stimmt das auch?
Vielleicht wäre ich überrascht, wenn ich Mäuschen im Kindergarten spielen könnte, um zu beobachten, wie sie sich ohne Hilfe die Schleife ihrer Turnschuhe bindet und anschließend den fünfjährigen Ole verkloppt, weil er ihr den Aussichtsplatz auf dem obersten Kletterturm streitig machen will.

Beobachten Sie Ihr Kind ab und zu möglichst unauffällig aus dem Hintergrund, wenn es ins Spiel versunken ist. Versuchen Sie es für zwei Minuten ganz bewusst und möglichst unvoreingenommen zu sehen. Was ist das für eine Persönlichkeit, die sich da Tag für Tag den Nudelauflauf und die Badewanne mit Ihnen teilt?
Stimmt das Bild, das ich von meinem Kind im Kopf habe? Oder sind es Wunschvorstellungen, Ängste und längst

veraltete Kommentare der Schwiegermutter, von denen ich mich leiten lasse? Wagen Sie doch mal die abwegigsten Thesen: Mein Kind, ein Draufgänger? Ein Rechengenie? Ein fantasievoller Träumer? Trotz Gitarrenunterricht gänzlich unmusikalisch?
Haben Sie schon einmal versucht, eine Wassermelone in einen Eierbecher zu pressen oder Apfelsaft in einem Sieb zu transportieren? Ebenso anstrengend ist es, wenn Sie einen heimlichen Michael Ballack zum Klavierunterricht überreden wollen oder das schüchterne Zeichentalent bei der Kinderhitparade anmelden. Es schont Ihre Kräfte, wenn Sie auf die Persönlichkeit Ihres Kindes Rücksicht nehmen.
Wenn wir uns aus Angst oder Bequemlichkeit an ein falsches Bild klammern, kann es uns so ergehen wie Elton Johns Mutter, von der mein Friseur behauptet, dass sie einer Handwerkerfamilie entstammte und bei jeder sich bietenden Gelegenheit geseufzt haben soll: »Wenn er einen Nagel in die Wand schlagen soll, dann hat er einfach zwei linke Hände!« Wahrscheinlich hat sie sich misstrauisch gefragt, warum er abends so selten zu Hause ist und aus welchem Grund er seine Platten in Bilderrahmen an die Wand hängt. Hätte sie sich von ihren starren Erwartungen lösen können, dann wäre sie die glückliche und stolze Mutter einer der größten Pop-Ikonen unserer Zeit geworden statt die Mutter eines schlechten Handwerkers.

Es wäre schade, wenn wir eine Chance vertun, unsere Kinder zu lieben.

Lassen Sie die Ermahnungen

Sie hatten sich ausgemalt, eine lächelnde Bilderbuchmutter zu werden, und nun fühlen Sie sich eher wie ein Gefängnisaufseher, der den ganzen Tag kontrolliert und ermahnt? Mit diesem Gefühl sind Sie nicht alleine, denn obwohl keiner sie gerne hört, gehören Ermahnungen unter Müttern zum Alltag.
Warum berieseln wir unsere Kinder bei jeder Gelegenheit mit süß-sauren Kommentaren? Ihrem Chef sagen Sie doch auch nicht: »Hier haben Sie die Erträge des letzten halben Jahres, aber geben Sie nicht alles auf einmal aus!«
Sicher ist nichts dagegen einzuwenden, wenn Sie Ihr Kind beim Zoobesuch darauf hinweisen: »Streck deine Hand nicht zum Krokodil in den Käfig.« Aber wie sinnvoll ist ein Satz, der auf den Spielplätzen dieses Landes zu den Klassikern gehört: »Fall nicht hin!« Da können Sie ja gleich hinterherschieben: »Atme weiter, reiß dir nicht die Haare aus, schmeiß deine Jacke nicht in den Müllcontainer ...«

Geht es vielleicht nicht ohne mahnende Kommentare? Gehören sie zu unserer Verantwortung als Eltern? Es ist zweifelhaft, ob unser Nachwuchs seltener vom Kletterbaum stürzt, nur weil ihm seine Mutter im Halbstundentakt dunkle Prophezeiungen zuruft. Oft trifft der gegenteilige Umstand ein, denn die Wahrnehmung von Kindern funktioniert so, dass sie die Verneinung überhört. Pädagogen empfehlen daher, Aufforderungen stets positiv zu formulieren, denn was vom Hinweis »Fall nicht!« übrig bleibt, wenn er im Gedächtnis ankommt, ist der Ausruf »Fall!«.

Kinder brauchen keine Ermahnungen, sondern die Gelegenheit, Konsequenzen ihres Tuns zu spüren.

Verzichten Sie auf die Ermahnungen zugunsten von ...

- **Fragen:** »Was meinst du, an welcher Stelle kommst du am besten auf die Mauer?«

- **Hilfsangeboten:** »Hier ist meine Hand, falls du Hilfe brauchst.«

- **Fakten:** »Die Dose hat eine scharfe Kante. An dieser Seite kannst du sie gut anfassen.«

Wechseln Sie von der Rolle einer ängstlichen und nörgelnden Kontrolleurin zu der einer Helferin, Welterklärerin, Trösterin, Animateurin, kurz gesagt – zur Rolle einer glücklichen Mutter. Falls Sie ein Krokodil treffen, können Sie ja eine Ausnahme machen.

Mutterglück allein reicht nicht

Betrachten Sie es als Probelauf für die Pubertät

Bereits im Kreißsaal ist klar, dass Sie als Mutter durch nichts zu ersetzen sind. Sogar Ihr bescheidener Stadtbummel lässt den stillunfähigen Vater zum Handy greifen. Gebraucht zu werden, das gibt ein wohliges Gefühl. Dennoch sollten Sie sich lieber erst gar nicht daran gewöhnen. Irgendwann wird nämlich das Zauberwort »Mama« von einem Moment zum nächsten durch »Alleine machen!« ersetzt.

Plötzlich verweigert der Nachwuchs Ihre Hilfe, wenn er zum ersten Mal den Kletterturm besteigt. Ihre Meinung zählt nicht mehr, wenn er sich etwas von der Eiskarte aussucht. Und die Frage an der Kindergartenpforte »Was habt ihr denn Schönes gespielt?« wird als Zumutung empfunden.

Nutzen Sie doch die Zeit und üben schon mal für die Pubertät Ihrer Kinder:

- Warten Sie niemals auf den Zeitpunkt, an dem Ihre Kinder aufhören zu jammern. Die Psychologie kennt ziemlich viele Entwicklungsphasen, in denen Sie die Kleinen mit so viel Liebe, Fantasie und Pommes überschütten können, wie Sie wollen, ohne dass Aussicht auf Applaus besteht. Sparen Sie sich die Mühe und lesen Sie lieber im Kapitel »Halbwegs ist mehr als genug«.
- Kinder sind Persönlichkeiten mit eigenen Vorlieben und Abneigungen. Lieblingsspeise, Spielkameraden, Kleiderfrage – glückliche Mütter lassen ihr Kind möglichst oft selbst entscheiden, sofern es sich nicht um gefährliche oder schädliche Dinge handelt. Machen Sie es sich einfach. Ersparen Sie sich beispielsweise die Diskussionen vor dem Kinderzimmerschrank. *Sie* müssen ja schließlich nicht mit dem Sommerkleid in den Nieselregen hinaus! In Kürze werden Sie selbstbewusst und erhobenen Hauptes den Schritt vor die Haustür wagen, obwohl Ihr Kind sich weder das Hasenkostüm ausreden ließ noch den marmeladeverschmierten Mund abwischen wollte. An diesem Tag werden Sie auf dem besten Weg zur glücklichen Mutter sein.

- Entrümpeln Sie die schmeichelhafte Rolle der »unentbehrlichen Mutter«, bevor es Ihre Kinder tun. Tagesmütter, Omas, kinderlose Freunde, ja sogar Väter (!) können Ihre kostbaren Kleinen für einen Abend in der Woche zufriedenstellend versorgen.
- Genießen Sie es, sich überflüssig zu machen. Gibt es etwas, das Sie immer schon mal tun wollten? Tanzen gehen, Freunde treffen, malen, Motorrad fahren, sich beruflich fortbilden, Aufkleber oder kuriose Todesanzeigen sammeln – glückliche Mütter definieren ihr Selbstbewusstsein nicht nur über die Familie. Ob Dichterin oder Partynudel, diese Frauen haben immer noch

ein zweites Selbstbild von sich in Reserve. Das rettet sie in den Momenten, in denen die Kleinen sie schon vor dem Frühstück als »doofe Mama« titulieren.

- Behalten Sie Ihre Berufstätigkeit im Auge. Eines Tages werden Sie sich – wie auch immer – entscheiden müssen. Sofern Sie eine Elternzeit beantragt haben, könnten Ihnen in diesen Jahren unerwartete Chancen über den Weg laufen. Manchmal sind es auch nur Kleinigkeiten wie eine unregelmäßige Stippvisite an der Arbeitsstelle, die später über einen reibungslosen Wiedereinstieg entscheiden.
- Mit wem hast du heute gespielt? War's schön bei Oma? Am liebsten wüssten wir Mütter alles über das Leben unserer Kinder. Achten Sie auf Ihr Bauchgefühl: Möch-

ten Sie Ihrem Kind zeigen, dass Sie an seinem Alltag interessiert sind? Oder wünschen Sie sich die uneingeschränkte Kontrolle über Ihren Schützling? Manchmal ist auch Kindern einfach nicht zum Reden zumute. Ein großes Wort für einen kleinen Menschen, aber auch er hat seine Privatsphäre. Schließlich vertrauen Sie ihm doch, oder?

Tatsache ist, dass alles einmal zu Ende geht: Eröffnungswehen, Dreimonatskoliken, der Anspruch auf Erziehungsgeld und der Wunsch Ihrer Tochter, dass Sie sie zum Kindergeburtstag begleiten. Das Alter für Gute-Nacht-Geschichten hört genauso auf wie der Wutausbruch im Supermarkt. Worum es auch geht – es wird sich verändern. Und zwar bald.

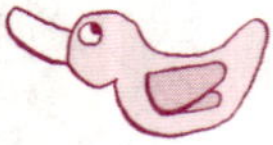

Verabreden Sie sich mit Ihrem Mann

Untersuchungen haben gezeigt, dass diejenigen Paare, die ungewöhnliche und aufregende Dinge zusammen erleben, bessere Chancen haben, in ihrer Ehe glücklich zu bleiben.
Sofern Ihnen nichts an einer lebendigen Beziehung liegt und Sie Ihren Mann nur zur Samenspende brauchten, können Sie dieses Kapitel überschlagen. Die meisten von uns stimmen allerdings wehmütig zu, wenn Elternzeitschriften schreiben: »Pflegen Sie den Garten der Liebe. Reservieren Sie sich Zeiten, in denen Sie nicht nur Eltern, sondern Partner sind.«

Es gibt charakterstarke Exemplare unter uns Müttern, die nur eine Tiefkühlpizza und den neuen Spitzen-BH von Tchibo brauchen, um romantische Intimität aufleben zu lassen. Mich verführen die gemeinsamen Abende zwischen Abwaschbergen und unbezahlten Rechnungen lediglich, gemeinsam die Steuererklärung in Angriff zu nehmen.

Da hilft nur eins: ausgehen.

Das hört sich leichter an, als es ist. In den letzten Jahren haben uns Drei-Tage-Fieber, Geschäftstermine, Müdigkeit und der innere Schweinehund viel zu häufig einen Strich durch die Rechnung gemacht, bis mir eine andere Mutter von ihrem Ritual vorschwärmte:

Erste Hilfe für Couch-Potatoes:

1. Das Wichtigste: Vereinbaren Sie mit Ihrem Mann und dem Babysitter feste Termine, zum Beispiel jeden zweiten Freitag. Vielleicht lässt sich die Oma oder eine Ihrer Freundinnen verpflichten? Die kostspieligste, aber auch zuverlässigste Lösung ist ein bezahltes Kindermädchen. Sehen Sie es doch als Investition in Ihre Lebensqualität und Ihre Partnerschaft. Jede einzelne aus dem stetig wachsenden Meer der Scheidungen in Deutschland kostet mindestens 1500 Euro. Das Geld ist in ein Candle-Light-Dinner besser investiert. Sie werden sehen, dass es sich lohnt.

2. Übernehmen Sie abwechselnd die Gestaltung des Abendprogramms. Suchen Sie sich das aus, was Ihnen selbst Spaß macht. Wenn Sie an der Reihe sind, versuchen Sie *nicht*, Ihrem Partner eine Freude zu machen. Er kann sich seine Träume beim nächsten Date verwirklichen.

3. Halten Sie Ihre Pläne bis nach dem Aufbruch geheim. Geben Sie Ihrem Partner lediglich einen Tipp zu seiner Garderobe: Gummistiefel oder die italienischen Designerschuhe?

4. Halten Sie sich bedingungslos an die Regel: Meckern verboten! Wer sich von den Plänen des anderen überraschen lässt, darf mit keinem Wort Kritik üben, egal, ob er in einen Kinofilm mit Atze Schröder oder in ein vierstündiges Orgelkonzert entführt wird.

Es gibt so viele schöne Dinge, zu denen man sich selten aufrafft. Zum Teil kosten diese Unternehmungen kaum etwas, belohnen einen aber mit einem wunderschönen Abend: ein Spaziergang über die Felder, ein nächtliches Picknick im Park, ein Besuch im Autokino, eine Ausstellungseröffnung, das lateinamerikanische Spezialitätenrestaurant, eine Fahrradtour durch einen fremden Stadtteil, ein Schwimmbadbesuch ohne Kinder, aber mit einer großen Portion Pommes.

Die glückliche Mutter, die mir dieses Ritual verraten hat, trifft sich an ihren »Eltern-Abenden« mit Ihrem Partner bisweilen auch mit Freunden. Wir hingegen haben uns darauf geeinigt, dass uns wirkliche Zweisamkeit an diesen Tagen am wichtigsten ist.

Probieren Sie es aus.

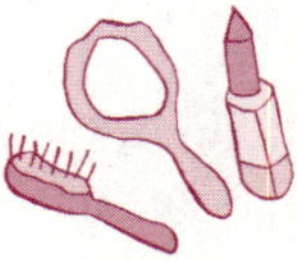

Suchen Sie sich ein Hobby im Kopf

Wenn mich der Vater meiner Kinder kurz vor dem Einschlafen fragen würde: »Liebst du mich eigentlich noch?«, dann würde ich ihm wohl die Antwort schuldig bleiben. Dabei muss sich dieser gut aussehende Mensch mit seinem sympathischen Wesen trotz meines bedeutungsvollen Schweigens keine Sorgen um die Antwort machen. Es ist nur so, dass ich ihm vermutlich nicht zugehört habe. Den ganzen Tag bin ich für andere da, aber kurz vor dem Einschlafen bin ich immer noch mal kurz weg. In dieser Zeit gönne ich mir den spielerischen Luxus glücklicher Mütter: ein Hobby im Kopf. Was das sein soll?

Geschichten erfinden, sich Reiseziele überlegen, imaginäre Wohnungen einrichten, Kochrezepte ausdenken, sich Sexfantasien ausmalen, in Filmen die Hauptrolle spielen, Wörter suchen, die sich von vorne und hinten gleich lesen, komponieren ...

Glückliche Mütter flüchten ab und zu in den Wellness-Bereich ihrer Gedanken, weil ...

- die Kinder dort nichts kaputt oder dreckig machen können,
- sich dieses Hobby selbst mit einem schlafenden Kleinkind auf der Fähre nach Schweden praktizieren lässt,
- Sie es ausführen können, während Sie es sich im Bett oder auf einem spanischen Liegestuhl bequem machen

und so körperlich entspannen. Was haben Sie von einem Hobby, bei dem Sie sechs Stunden am Stück in gekrümmter Haltung vor der Nähmaschine sitzen oder mit einem Kreuzbandriss vom Training kommen?

- Sie stattdessen einen Körperteil trainieren, der durch das Einprägen der Einkaufsliste und durch Dialoge wie »Wo ist denn meine kleine Maus?« nicht ausgelastet ist.

Kopfhobbys sind sehr mütterfreundlich. Sie haben keine Kleinteile, die verschluckt werden könnten. Sie lösen keine Allergien aus und belasten das elternzeitgeschwächte Konto nicht zusätzlich. Suchen Sie sich doch auch ein Thema, mit dem Sie sich gedanklich gerne beschäftigen. Egal, ob Sie die Gedanken zwischen Zahlenkolonnen, in ferne Länder oder die Bundesligatabelle streifen lassen.

Suchen Sie sich einen Traumjob

Fünf Monate nach der Geburt unserer ersten Tochter bin ich mit einer sehr hohen Stundenzahl in meinen Beruf zurückgegangen, damit mein Mann das geplante halbe Jahr Elternzeit antreten konnte. Ich war unglücklich über die Trennung von meinem Kind, total überfordert und viel zu müde, um mir mein Unwohlsein einzugestehen. Ich versuchte mir einzureden, das müsse so sein. Schließlich leisteten Unmengen von Frauen rund um mich herum genau das Gleiche und offensichtlich taten sie es wie nebenbei. Dabei hatte ich im Gegensatz zu den meisten sogar einen Mann zu Hause, der mein Kind mit warmer Milch und mich mit einem warmen Essen versorgte!

Ob, wann und in welchem Maße wir einen Beruf ausüben, bestimmt ganz wesentlich unsere Lebensqualität als Mutter. Wir können die Augen nicht davor verschließen, auch wenn wir angesichts der Arbeitsmarktlage und der letzten durchwachten Nacht nichts lieber täten.

Bei ehrlicher Betrachtung sitzt jede Frau nach der Geburt ihres Kindes erst mal in der Babyfalle, auch wenn sie in der glücklichen Lage ist, sich schnell wieder daraus zu befreien. Einige von uns drängen der Arbeitsmarkt oder die fehlenden Teilzeitstellen in zweifelhafte Kompromisse, in denen wir unsere Kinder erst zum Abendbrot wiedersehen. Andere sitzen für die nächsten Jahre mit Diplom-Biologinnen und Röntgenassistentinnen friedlich zusammen auf dem Spielplatz und gebrauchen ihre Ausbildung zur Statikerin, um zu verhindern, dass die Sandburg einstürzt.

Eigentlich ist die Formulierung »in den Beruf zurückkehren« falsch, denn Ihren Arbeitsplatz, wie Sie ihn kennen, und die dazugehörige Routine gibt es nicht mehr. Es sind halt zwei verschiedene Paar Schuhe, ob Sie damals als kinderlose Frau an Karriere und Kontostand gebastelt haben oder ob zusätzlich Windpocken und die Schließzeiten im Kindergarten berücksichtigt werden wollen. Eine berufstätige Mutter braucht ausgesprochen viel Organisationstalent. Wenn Sie sich nun mehr oder weniger freiwillig in diese anstrengende Situation bringen, dann sollte es doch etwas sein, was Sie wirklich erfüllt, oder?

Glückliche Mütter suchen sich einen Traumjob.

Die Rede ist nicht unbedingt von einer Karriere als Model oder Kreativ-Direktorin. Für eine Frau, die das letzte halbe Jahr fast ausschließlich in der Gesellschaft eines Babys verbracht hat, kann es das Höchste der Gefühle sein, Kleidung ohne Milch- und Gemüsespuren zu tragen und mit dreißig *Erwachsenen* in einem Großraumbüro zu sitzen. Eine andere mag es genießen, stupide Zahlenreihen zu addieren, ohne sich um den Streit im Nebenzimmer kümmern zu müssen.

Vielleicht sehen Sie es aber auch als Ihren Traumjob an, wenn Sie über den dritten Geburtstag Ihres Kindes hinaus zu Hause bleiben, Ihren männlichen Kollegen zum Trotz, die meinen, dort gäbe es doch jetzt rein gar nichts mehr zu tun, seit die Zwillinge laufen können!

Wenn Sie gerne arbeiten, werden Sie auch gut arbeiten.

Auch glückliche Mütter sind alles andere als naiv oder allesamt mit millionenschweren Ehemännern gesegnet. Sie sind sich der Tatsache sehr wohl bewusst, dass sie sich bei kaum einem anderen Thema so vielen Sachzwängen fügen müssen. Diese Frauen haben nur eingesehen, dass gerade Müttern niemand automatisch einen Traumjob hinterherträgt, sofern sie ihn nicht sorgfältig aussuchen und einiges dafür tun.

Egal, für welche der Möglichkeiten Sie sich entscheiden – Ihre Kinder werden spüren, ob Ihnen Ihre Arbeit etwas bedeutet. Zeigen Sie ihnen, dass es sich lohnen kann, sich mächtig ins Zeug zu legen. Spätestens, wenn das Vokabelpauken losgeht, werden sie von Ihrem Vorbild profitieren.

Das Ende des Mietvertrags

Es scheint in der Natur des Menschen zu liegen, dass man sich in bestimmten Phasen seines Lebens aus der Öffentlichkeit zurückzieht und ins Private abtaucht. Als Neunjährige zum Beispiel war es das Monopolyfieber, das mich und meine Geschwister eine geschlagene Ferienwoche am Stück an den Couchtisch der Sylter Ferienwohnung fesselte. Wir müssen unseren Eltern schrecklich auf die Nerven gegangen sein, denn es gab kein anderes Gesprächsthema mehr als das neueste Hotel in der Hafenstraße oder die Wucherpreise auf der Schlossallee.

Beim Monopoly war der Spuk nach sieben Tagen ausgestanden. Nach der Geburt eines Kindes können es schnell auch mal sieben Jahre werden, die man sich in den Elfenbeinturm mit kindersicheren Steckdosen zurückzieht. In dieser Zeit stehen Kinderthemen ganz vorne. Man denkt zu Recht, man sei der Nabel der Welt, und beschränkt alle weltpolitischen Großereignisse, Friseurbesuche oder die Aktivitäten im Handballverein auf ein Minimum. Vermutlich sind begeisterte Mütter eine echte Geduldsprobe für den Rest der Welt!
Aber was soll's. Mir fehlen immer wieder die Worte, wenn ich beschreiben soll, warum mir diese krümelige Lebensphase trotz der chronischen Augenringe und musikalischen Untermalung von Rolf Zuckowski so gefällt. Wenn es Ihnen auch so geht, dann genießen Sie die staatlich geförderte Zeit im Elfenbeinturm. Lassen Sie sich gefangen nehmen vom ersten Lächeln Ihres Kindes und stellen Sie die Ultraschall- und Wachsmalbilder stolz ins Internet. Nur vergessen Sie nicht, ab und zu einen

flüchtigen Blick über den Tellerrand zu werfen, denn auch da draußen geht das Leben weiter.

Das »Wunder des Lebens« beschränkt sich schließlich nicht nur auf einen Zellhaufen in Form einer Kaulquappe, der sich in vierzig Wochen zum Mittelpunkt unseres Alltags entwickelt. In Ihrer Umgebung entwickeln sich täglich neue Freundschaften, Gebäudesanierungen, Kaffeespezialitäten, Umweltskandale, Berufsperspektiven und Bands, deren Namen an Zusatzstoffe in billigem Kartoffelsalat erinnern.

Es ist gut, wenn Sie den kinderfreien Rest der Welt nicht völlig ignorieren. Nach ein paar Jahren sollten Sie näm-

lich wieder auftauchen und Ihre Identität als glückliche Mutter gegen die Rolle der glücklichen Reiterin, glücklichen Taxifahrerin, glücklichen Lottogewinnerin, glücklichen Bürgermeisterin oder glücklichen Vorsitzenden des Dieter-Bohlen-Fan-Clubs (Cuxhaven-Süd) tauschen.
Das wird Ihnen umso leichter fallen, wenn Sie sich rechtzeitig umgeschaut haben, wo Sie sich Selbstbestätigung und Wohlgefühl auch außerhalb der Tigerenten-Zone holen können.

Der Mietvertrag im Elfenbeinturm läuft unweigerlich aus, daran geht kein Weg vorbei. Spätestens mit fünfzehn würde es unserem Nachwuchs in höchstem Maße peinlich sein, wenn die eigene Mutter öffentlich auf dem Schulfest erklärte, ihre Mutterschaft sei ja eine soooo beglückende und erfüllende Erfahrung! Dann ist es gut, wenn Sie den Absprung geschafft und Ihren Elfenbeinturm für die nächste Generation geräumt haben. Eine Mutter, die loslassen kann, das ist

das Geheimnis glücklicher Kinder.

Nicht später, sondern jetzt

Barbara Berckhan
Lieber das Blatt wenden als dauernd im Frust enden
Die Strategie für den persönlichen Aufschwung
200 Seiten, Illustr. v. Roswitha Stein, kartoniert
ISBN 3-466-30658-2

»Wenn ich Zeit hätte, würde ich gern ...« Wie oft haben wir einen Wunsch, oder eine zarte Sehnsucht meldet sich zu Wort. Leider schieben wir solche Gedanken gern beiseite. Wir wollen uns später damit beschäftigen. Später, wenn wir mehr Zeit haben, wenn die Wirtschaftskrise vorbei ist, wenn wir in Rente gehen. Wie wäre es, wenn Sie Ihren Wunsch, Ihre Sehnsucht jetzt ernst nehmen?

KÖSEL

Kompetent & lebendig.
PSYCHOLOGIE & LEBENSHILFE

Kösel-Verlag, München, e-mail: info@koesel.de
Besuchen Sie uns im Internet: www.koesel.de